国家出版基金项目
NATIONAL PUBLICATION FOUNDATION

羅常培 ◎ 著

國音字母演進史

山西出版傳媒集團
山西人民出版社

圖書在版編目（CIP）數據

國音字母演進史 / 羅常培著 . －太原：山西人民出版社，2014.12
（近代名家散佚學術著作叢刊 / 許嘉璐主編）
ISBN 978-7-203-08795-3

Ⅰ.①國⋯ Ⅱ.①羅⋯ Ⅲ.①注音字母－研究
Ⅳ.①H125.1

中國版本圖書館CIP數據核字（2014）第234667號

國音字母演進史

主　　編　　許嘉璐
著　　者　　羅常培
責任編輯　　梁晉華
助理編輯　　張　潔

出 版 者　山西出版傳媒集團·山西人民出版社
地　　址　太原市建設南路21號
郵　　編　030012
發行營銷　0351-4922220　4955996　4956039
　　　　　0351-4922127（傳真）　4956038（郵購）
E－mail　sxskcb@163.com　發行部
　　　　　sxskcb@126.com　總編室
網　　址　www.sxskcb.com

經 銷 者　山西出版傳媒集團·山西人民出版社
承 印 廠　山西出版傳媒集團·山西人民印刷有限責任公司

開　　本　　700mm×970mm　1/16
印　　張　　8.5
字　　數　　65千字
印　　數　　1—3000冊
版　　次　　2014年12月　第一版
印　　次　　2014年12月　第一次印刷
書　　號　　ISBN 978-7-203-08795-3
定　　價　　22.00圓

《近代名家散佚學術著作叢刊》編委會

總 主 編　許嘉璐

編 委 會　王紹培　王繼軍　許石林　李明君
　　　　　汪高鑫　趙　勇　梁歸智　樊　綱
　　　　　（按姓氏筆畫排序）

總 策 劃　越衆文化傳播·南兆旭

出版工作委員會
　　主　任　李廣潔
　　副主任　姚　軍　石凌虛
　　委　員　周　威　梁晉華　徐　勝　顏海琴
　　　　　　張文穎　秦繼華　馮靈芝　張　潔

設計總監　李尚斌
設計製作　王秀玲　何萬峰　歐陽樂天

出版説明

《近代名家散佚學術著作叢刊》選取一九四九年以後未再刊行之近代名家學術著作共一百二十册，編例如次：

一、本叢書遴選之著作在相關學術領域具有一定的代表性，在學術研究方向、方法上獨具特色。

二、爲避免重新排印時出錯，本叢書原本原貌影印出版。影印之底本皆經專家組審定，原書字體大小，排版格式均未做大的改變，原書之序言、附注皆予保留。

三、本叢書分爲八大類，以作者生卒年編次。

四、爲使叢書體例一致，本叢書前言後記均采用繁體字排版。

五、個别頁碼較少的版本，爲方便裝幀和閱讀，進行了合訂。

六、少數學術著作原書内容有個别破損之處，編者以不改變版本内容爲前提，部分進行修補，難以修復之處保留缺損原狀。

七、原版書中個别錯訛之處，皆照原樣影印，未做修改。

八、所選版本之抽印本頁碼標注，起始至所終頁碼均照原樣影印，未重新編排標注新頁碼。

由於叢書規模較大，不足之處，殷切期待方家指正。

總 序

披沙瀝金，以爲鏡鑒

◇ 許嘉璐

多年來有一個問題始終在我腦中盤桓：爲什麼在十九世紀末到二十世紀初，在短短的幾十年裏，中國的各個學術領域竟涌現了那麼多大師級的人物？這是中國近代史上一個極爲重要的現象，我認爲，如果不能給出令人滿意的答案，我們撰寫的近代學術史將是不完整的，甚至是缺乏靈魂的。後來我知道，著名人類學家克羅伯曾提出過一個問題：爲什麼天才成群地來？看來這種現象的出現並非中國所獨有，思考其所以然的也大有人在。而在那一次世紀之交中國的情況，似乎應驗了"天才成群地來"這個令克氏久久不解的疑問。錢學森先生曾從相反的方向提出了相同的疑問：爲什麼我們這個時代出現不了杰出人才？後來人們稱這個問題爲"錢學森之謎"。

要回答這些疑問不是件容易的事。與其迅速地囫圇地探尋，不如先多了解那些讓中國近代學術（應該包括人文科學和自然科學）史上閃耀着光輝的大師們的作品和自述，從而在腦海里盡量"復原"他們所處的環境和在那種環境下的心理路徑，從中或許可以得到一些啓示。

有一點是顯然的，這就是他們雖然都已遠離塵世而去，但是他們獨立思考的品性、求知治學的真誠、困厄窮愁中對節操的堅守，恐怕是他們共同的主觀因素，一直影響到現在，而且將會永遠留存下去。

就思想界、學術界而言，二十世紀上半葉是一個新説和舊説碰撞，中學和西學融匯的大時代。那時的學人極爲重視言行操守，同時具備現代知識分子的理想信念；他們的學術研究十分純浄，絶少功利因素；他們的視界開闊，以包容的心態和嚴謹的風格造就了成果的大氣與厚重。至於在客觀因素一面，他們實際是在用工業化時代的事實解説着太史公所説的名山之作"大抵聖賢發憤之所爲作"，困厄苦難使得他們"皆意有所鬱結"。這種鬱結，幾乎和個人的名利毫無牽涉，他們永遠不能釋懷的，是民族的存亡、國運的興衰、民衆的福禍和文脈的續斷。

那個時代也是近代歷史上最大規模的中西古今學術調適、創新的時期，學術方法上的交互滲透和融合、創新亦可謂"於斯爲盛"。斯時之學人是要在封閉的屋牆上鑿出窗子的勇士，是使人能夠看看外部世界的第一批導夫先路者；或者可以説，他們是在"意有所鬱結"時"彷徨"和"吶喊"的"狂人"。

相對於那時的哲人們，後來者是幸運兒。現在的形勢是，近三十年來學界空前繁榮，衆多學科有了長足之進，其中很重要的一點是學界有了更新穎、更廣闊的國際視野，似乎接續上了百年前的學壇盛事。但細想想，"古"與"今"還是有差別的。其異，主要不在於世界情勢、學術進展、工具改善這些客觀存在，而在於在廣泛吸收各國優長的同時，自身文化的主體性越來越受到重視，換言之，"拿來主義"已經延長了"拿來"的程序，加上了試用、甄別、篩選、吸收、融合、成長。就我孤陋所見，在當今地球上，面向所有異質文明，努力汲取我之所缺，其範圍之大和心態之切，似乎無出中國之右者。從這個角度説，我們已經超越了前輩。但是事情還有另外一面，學術，特別是人文學科，其職業化、"沙龍化"和功利性，以及隨之而來的浮躁病却嚴重了。從這個角度説，是不是我們已經後退得夠可以的了？而這是不是我們這個時代出不了大師的原因之一呢？

民國學術界的特點之一是極爲注重對傳統的反省、批判與繼承。他們對傳統文化盡最大的努力進行整理和研究。一方面，由於戰亂頻仍，民不聊生，學者們擔起了讓中華文化薪火相傳的歷史責任；另一方面，他們要通過對中國傳統文化的整理、挖掘來重振民族自信心。這一時期對傳統文化進行整理的全面而深入是前所未有的，舉凡文字學、語言學、經濟學、法學、哲學、政治制度、書法繪畫、金石學……規模之宏大，研究之精微，令人嘆爲觀止。

民國學術推動了現代學科體系的建立。在對傳統文化整理和研究的基礎上，吸收西方的文化思想和理念，推動和建立了中國現代學科體系。例如，在對語言文字和音韵學成果進行整理、研究的基礎上開始着手規範之，建立了國語學；深入研究書法、國畫，將其融入了現代美術學科；在廢除舊有學制後逐步建立起小、中、大學較完整的科目和學科體系。

民國學術也改變了傳統學術方式，建立了新的研究範式。以現代科學考古爲發端，科研的實踐和成果使中國知識界真正認識到在實驗、比較基礎上的邏輯分析對學術研究的重要，推進了中國學術的　大演變。至於我們常說的打破士大夫傳統、走出書齋到田野鄉村和市民中進行調查研究、結束了經學時代、以歷史眼光檢視儒學和諸子等等，都是確立新學術範式的努力。這一轉變，也標誌着中國學術界脫胎換骨，全面進入了現代，爲此後的學術發展奠定了堅實的基礎。當然，西方啓蒙運動以來，在"現代性"和"現代化"裏潛伏着的缺陷和謬誤也傳到了中國，這些不能不在前哲的著作裏留下痕迹。這並不奇怪。類似的情況，古往今來孰能免之？猶如今天的我們，誰敢自稱我之所見就是永恒的真理？在這個問題上兩個時代所異者，或許就在昔時大家創立新說或譯註西學著作，往往是懷着對學術和前哲的敬畏而爲之，故而常常誤不在我；當今則往往出於對學問和他人的輕蔑，或以所研究的對象爲謀己的工具，因而難辭主觀之咎吧。翻閱他們的心血之作，這些復雜的狀況可以顯見，可以視之爲我們的一面鏡子。

滄海桑田，世事變幻，歷史的動盪和時代的遮蔽，使當年許多大師的一些極有價值的學術著作被棄於故紙堆中，不能不令人有遺珠之憾。爲此，山西人民出版社不惜以數年之艱辛，披沙瀝金，編輯出版這套《近代名家散佚學術著作叢刊》，凡一百二十册，計文學、史學、政治與法律、美學與文藝理論、民族風俗、宗教與哲學、經濟、語言文獻共八大類別。所選皆爲作者之純學術著作，無論是其見解、精神，抑或是其時代烙印，都是後輩學人可資借鑒的寶貴財富。他們出版這套叢書，意在讓世人不忘來程，知篳路藍縷之不易，爲民族文化的傳承再增薪木。

出版社的初衷，與我近年來所思所慮近似，故願略述淺見於書端，以與策劃者、編輯者和讀者共勉。

二〇一四年七月六日
改定於自安東回京途中

前 言

二十世纪学术大厦散落的珍贵基石 ◇ 李明君

二十世紀前期，注定是中國學術研究跨入現代科學發展風雲際會的時代，它基本上奠定了本世紀學術大廈的基礎。

進入二十一世紀後，當我們站在輝煌學術大廈的頂端，躊躇滿志地回眸近百年學術成果的時候，在大廈的上空，似乎迴旋着一種久已消逝的聲音；在大廈的背後，似乎散落着一些久已塵封的基石——它們，便是一些散佚的二十世紀前期的學術著作。這些在當時乃至後來都産生過重大影響的名家學術著作，一九四九年以後，基本上沒有在大陸再版，因而逐漸沉没在忘卻的海洋裏。

七八十年之後，當我們拂去灰塵，重新審視這些散佚的學術著作時，才發現它們的價值是如此的珍貴，成果是如此的豐厚，研究是如此的深入，而傾注的情感又是那麽的深沉。重讀這些經典，仿佛是聆聽這些儒雅的學者給我們講述民國學術的蹉跎歲月，唤醒了我們久已淡忘的歷史記憶。

一、西學東漸與承前啓後

二十世紀前期，西風東漸，中西文化交流擴大，新知識、新觀念大量涌入我國。倡導科學精神與采用科學研究方法，不僅衝擊了中國原有的知識體系和思想觀念，更爲現代學術思想的更新和研究拓展了空間。

這一時期的學術研究集中地體現在繼承、清理傳統學術的"承續先哲將墜之業"和"開拓學術之區宇，補前修所未逮"（陳寅恪《王靜安先生遺書·序》）兩個方面。學者們既是傳統學術的繼承者，又是現代學術的開拓者。

二、清理拓荒與學術奠基

辛亥革命之後，社會文明進步，文化教育普及，學術研究也力求使高深的學問向普及的大衆化知識轉化。故而，其時以基礎的和通論性的著作爲多見。

例如，邵鳴九的《國音沿革六講》、胡以魯的《國語學草創》、羅常培的《國音字母演進史》、吳貫因的《中國文字之起源及變遷》以及王力的《漢字改革》等即屬此類。

而論點集中的專題性論著，如王力的《南北朝詩人用韻考》、王光祈的《中國詩詞曲之輕重律》、白滌洲《關中入聲之變化》等，則以其研究深入和範疇擴展而更有價值。

這些學人以杰出的膽略、識見、才華，以及對本學科知識的通體了解，破除成見，大膽創新，開創了二十世紀學術發展的新局面。

三、學出多門與新式教育

這些學者們知識豐厚，見解獨到，憑藉着傳統文化的根底和新銳的西方現代學術觀念，意氣風發地縱橫文壇，在多個領域都有建樹。

他們大多具備深厚的國學修養：如夏敬觀爲清光緒年舉人，工詩善詞，兼治經學。盧冀野是曲學大師吳梅的門生，錢玄同爲國學大師章太炎的弟子。

而新式的學校教育和出國留學則直接學習西方科學的理論和方法，爲中國的學術研究注入了新的活力。

本編的作者們大多留學於歐美東洋，有過親炙現代學術導師和受現代學術訓練的經歷。如沈兼士、胡以魯、吳貫因等曾留學日本，王力留學法國，周傳儒有過英國劍橋、德國柏林大學的求學經歷，而王光祈則客居德國十多年，於政治經濟學與音樂學多有研究。

這些學者們歸國以後，或執教於高等學府教書育人，或投身於科研機構潛心工作，爲以後的著書立説進行知識的儲備。

本編中周傳儒、羅常培、顧實的著作即是在大學講義的基礎上創作的，白滌洲的《關中入聲之變化》也是在陝西關中四十二縣方言調查的基礎上撰成的。由於這些著作經過教學實踐和實地考察，因而研究成果扎實，學術含量深厚。

本編不少作者除音韵研究術有專攻之外：邵鳴九在傳統經學、幼兒教育、日本教育、地方行政教育、院校學科管理方面著述甚多；王光祈有音樂、戲劇、美術、國防、外交、政治方面的譯作論著幾十種；盧冀野於古代戲曲、詞曲、詩歌、小説、散曲、舊體詩等方面也著述豐厚。

民國學者知識廣博，師出多門，不囿一業，是一種非常普遍的現象。

四、資料功夫與科學解釋

王國維先生曾説："古來新學問起，大都由於新發見。"（王國維《最近二三十年中中國新發見之學問》）掌握新資料，采用現代科學理論研究新問題，是二十世紀前期學術研究的鮮明特點。

民國初年，地不愛寶，考古新材料如殷墟甲骨、敦煌遺書、西陲簡牘相繼出現，爲現代學術研究提供了豐富的資料基礎。學者們充分利用考古新資料和西方現代音韵學研究的理論及方法，使語言文獻學的研究得到長足的發展。

例如，周傳儒的《甲骨文字與殷商制度》就利用了殷墟考古出土的甲骨文資料，魏建功的《十韵彙編資料補並釋》則利用了國内外的敦煌石窟、高昌古城發現的古韵書新資料。

而胡以魯采用現代人類學、心理學、生理學理論對語言的發生、變化以及口舌發音的科學解釋，王光祈將我國"平聲"之字與近代西洋語言之"重音"與古希臘文字之"長音"的比較，以及白滌洲采用幾十幅圖表反映關中方言入聲變化規律的研究，都令人耳目一新。

這些學者們在研究問題時采用的資料之豐富、理論之新穎、考察範圍之廣袤、考釋方法之縝密，都是傳統研究者所難以達到的。

五、良好的學術環境與端正的學術風氣

經過了六七十年的時空距離，我們似乎不得不承認一九二七年至一九三七年的這十年，雖然社會動盪、戰亂時起，但卻是中國學術發展環境、學者精神狀態與物質待遇都相對優越的年代。這十年間，中外學術交流頻繁，科學研究興盛，學術成果豐碩。本編作品，基本上都撰成或出版於這十年。

這期間學術研究的繁榮與發展主要表現在以下諸方面：

（一）前輩學者對新學者的推崇獎掖

民國初期，前輩學者對青年學子的獎掖成爲風氣：梁啓超就盛贊清華國學院學生王力的《中國古文法》爲"精思妙悟，可爲斯學辟一新途徑"。章太炎也稱譽胡以魯的新著爲"精微畢輸，黃中通理，其用心可謂周矣"（章炳麟《國語學草創》序）。而當時的胡以魯才僅僅是個留日歸國的本科學士。

（二）學術觀點表達自由，學術爭論視爲雅事

學術爭論是提高保持學術活力、學術質量，維護學術尊嚴的重要形式。學術爭論提倡百家爭鳴，以理服人。

學者周祖謨針對音韵學研究中固守舊説的現象，認爲"學者求知，貴得其真，豈可專己守殘，隨聲附和"（周祖謨《古音有無上去二聲辨·字辨第五》）。顧實也以"發明古籍之奧藴，是正世儒之訛謬"（《重考古今僞書考·蔣維喬序》）的膽略，重考清代辨僞名著《古今僞書考》。

學者邵鳴九針對有人視唐代三十六字母與北宋《廣韵》爲金科玉律的觀點，風趣地說：從周到秦"若説這一千年之中，標準音一些也沒有變，姬昌和嬴政竟可促膝而談，相説以解，恐怕沒有這種情理"（邵鳴九《國音沿革六講》）。

那個時候，不僅學術評價實事求是，而且學者之間相互尊敬，有着良好的學

術氛圍。

例如，沈兼士就"極爲感謝"李方桂、林語堂、魏建功等人對其"右文説"的專函討論，認爲"諸説均足訂補鄙見之不足"（沈兼士《右文説在訓詁學上之沿革及推闡》附識），體現了一種學人的雅量。

吳貫因針對拼音字母必將取代漢字的時論，力排衆議，認爲"全廢漢字，前途尚覺遼遠"（吳貫因《中國文字之起源及變遷》）。現代漢字發展證明他的預見是正確的。

（三）學風嚴謹，資料來源清楚

嚴謹的學風與註明資料來源，是學術品德高尚的表現。白滌洲在著作中附錄的《關中入聲變讀聲調譜部首索引》，是自古以來傳統文獻所鮮見，而現代學術著作不可或缺的書籍檢索構成。

魏建功、邵鳴九、王力等學者在引用他人論述時，均説明來源，標明作者的時代、書名、篇章，對引文亦如實迻錄，低兩格排印，以示鄭重。既不掠人之美，又無曲解原義。

（四）學風端正，著述言簡意賅

本文作者曾經統計了語言文字編的八九本著作的頁碼與字數：其中頁碼最多、書籍最厚者是胡以魯的《國語學草創》，一百四十七頁，頁碼最少、書籍最薄者爲王光祈的《中國詩詞曲之輕重律》僅四十一頁；而書籍字數最多者爲七萬三千多，最少者則不足二萬。

雖然這些書籍都很薄，但在撰寫中卻用力甚勤：學術内容豐厚，書籍章節完備，文字表述精準，毫無浮滑不實的繁言蔓詞和故作深奧的賣弄之嫌。

面對這些沉甸甸的精深之作，反觀時下動輒幾十萬言的"皇皇巨著"，學術水平的高下自然不難判斷。

六、憂患意識與書生報國

"位卑未敢忘憂國"這種偉大的愛國情懷,每當國家危難之時,無論在傳統文人還是在現代知識分子身上都表現得那麼深沉。

的確,在國難之時,挺身而出,積極參與,是一種非常可敬的愛國行爲。即如《中國詩詞曲之輕重律》的著者王光祈,就積極參加過四川的保路運動和北京的"五四"遊行、籌辦過"少年中國學會",是一位熱情的社會活動家。《廣中原音韻小令定格》的著者盧冀野,抗戰期間創作的《中興鼓吹》曾分贈前綫將士,起到了鼓舞士氣的作用。

然而,就知識分子群體來說,絕大多數人則不可能奔赴疆場,那麼像明末清初的"易堂九子"那樣,"兄弟戚友保聚一地,相與從容講文論學於乾撼坤岌之際"(陳寅恪《贈蔣秉南序》),就是一種更爲深重地延續文脈、保存國粹的愛國行爲。即如抗戰期間的西南聯大、中央研究院的學者們,在艱苦的條件下,或考察研究,或教學著述,無疑是一種文人的報國方式。

學者王力就將做學問與抗戰聯繫起來,他說:"前方將士正在浴血苦戰的時候,我們這班文人還安享着國家的俸給,清夜捫心,實在慚愧。若對於國家當前的問題,也不肯本平日所學,貢獻所知,則國家養士何用?"(王力《漢字改革·自序》)知識分子的愛國真情表露無遺。

而像劉半農那樣在考察方言途中染病逝世,像白滌洲那樣,在家中連喪五位親人之後還忍痛遠赴西北進行考察,不久也因病而逝的報國行爲,就更加感人至深,令人噓唏。

書生報國,鞠躬盡瘁,死而無悔,是那一代知識分子共同的情操。

七、結集出版與刊物發表

出版印刷的興盛爲二十世紀前期的學術繁榮做出了突出的貢獻。民國時期許多優秀的學者如張元濟、高夢旦、王雲五等相繼入主出版,更多的學者如胡適、胡愈之、沈雁冰、葉聖陶等參與編輯。他們氣度豁達，慧眼識珠，出版專著，創辦刊物，編纂文庫，結集叢書，使許多學術新見解和研究新成果得到了及時、多元的表達，加速了學術研究的發展與傳播。

本編的著作大多初版即爲專著。也有一些學者如沈兼士、王力、周祖謨、白滌洲等的著述卻是先發表於刊物，後來才抽印成專著的。這些抽印本有過學術討論的積澱，水平自然可嘉。

二十世紀初，雖然白話文與新式標點曾遭到激烈反對，但它們還是以明了通暢的形式佔據了民國文本形式的主流。本編的作者們大都能較熟練地運用白話文進行寫作，有時"因欲與引证文字相符合"，而不得已采用文言文時還特地加以說明（邵鳴九《國語學沿革六講·例言》）。這種爲讀者着想的方法無疑促進了中國學術由高深奧妙向大衆"公器"的轉變。

民國書刊的排列雖因時代新舊交替而橫、竪幷存，但統一采用新式標點符號，則是學者們引領潮流，與時俱進思想的表現。

撫今追昔，當我們掀開這些泛黃的書頁，看着似曾相識的繁體字，竟萌生出一種撫摸民國學術體溫的感動。

他們的貢獻無愧於那個時代，

他們的著作堪稱爲學術經典。

是以爲序。

二〇一四年五月十五日於三亞學院

| 作者簡介 |

羅常培（一八九九年——一九五八年），字莘田，號恬庵，筆名賈尹耕，齋名未濟齋。北京人，滿族，北京大學畢業。語言學家、語言教育家。曾任北京第一中學校長、西安西北大學教授、中央研究院歷史語言研究所研究員、北京大學教授、西南聯合大學中文系主任等。他畢生從事語言教學、少數民族語言研究、方言調查、音韵學研究，與趙元任、李方桂同稱爲早期中國語言學界的"三巨頭"。其學術成就對當代中國語言學及音韵學研究影響極爲深遠。

國音字母演進史目錄

自序……………………………………1
引言……………………………………1
國音字母之發端………………………2
　　耶穌會士對於國音字母之影響……3
　　西洋人關於羅馬拼音之論著舉要…4
　　西洋人所擬羅馬拼音制之缺點……9
國語羅馬字之演進……………………10
　壹　萌芽期…………………………10
　　一　盧戇章中國第一快切音新字…11
　　二　朱文熊江蘇新字母……………12
　　三　江亢虎通字……………………14
　　四　劉孟揚中國音標字書…………14
　　五　黃虛白拉丁文臆解……………15
　　六　邢島式拼音字母………………15
　　七　劉繼善新華字……………………16

國音字母演進史

　　八　鍾雄新字母發明書……………………19
貳　發育期………………………………………20
　　一　胡適答朱經農論羅馬字拼音………21
　　二　朱我農致胡適書……………………21
　　三　傅斯年漢語改用拼音文字初步談…………22
　　四　錢玄同式………………………………24
　　五　趙元任式………………………………25
　　六　周辨明式………………………………28
　　七　林語堂式………………………………32
叁　成熟期………………………………………35
　　　國語羅馬字拼音研究委員會之成立………25
　　　數人會之組織………………………………35
　　　國音字母第二式之公布……………………36
　　　中西各式羅馬字聲母比較表
　　　中西各式羅馬字韻母比較表
　　　中西各式羅馬字標調方法比較表

注音符號之演進……………………………37
　壹　假名系……………………………………38

目　錄

- 一　盧戇章中國切音新字……………………38
- 二　王照官話合聲字母………………………41
- 三　勞乃宣簡字譜錄五種……………………42
- 四　李元勳代聲術……………………………49
- 五　黃虛白漢文音和簡易識字法……………50
- 六　蔡璋音標簡字……………………………51
- 七　汪榮寶式簡字……………………………51
- 八　汪怡國語音標概說………………………52
- 九　日本伊澤修二支那語正音發微…………53

貳　速記系……………………………………54

- 一　蔡錫勇傳音快字…………………………54
- 二　力捷三閩腔快字…………………………56
- 三　沈學盛世元音……………………………57
- 四　王炳耀拼音字譜…………………………60
- 五　劉世恩音韻記號…………………………62
- 六　李良材簡易記音法………………………62
- 七　胡雨人式簡字……………………………63
- 八　陳振先陳氏天然拼音新字………………63

九　唐穗田識字新法…………………64
叁　篆文系…………………………………65
　　一　吳敬恆'豆芽字母'………………65
　　二　章炳麟駁中國改用萬國新語說中之'紐文'
　　　　及'韻文'……………………………66
肆　草書系…………………………………68
　　一　美國烈蒱雅平民官話字母………68
伍　象數系…………………………………69
　　一　楊瓊李文治合著形聲通…………69
　　二　區學泉識字捷徑…………………71
　　三　英國慕維廉式簡字………………72
陸　音義系…………………………………72
　　一　左贊平言文音母一覽表…………72
柒　其他……………………………………73
　　一　馬體乾串音字標…………………73
　　二　鄭鐸靈簡易新字…………………74
　　三　王崔普通簡易字母………………74
　　四　高鯤的記音簡法…………………75

目錄

　五　楊麹注音字母集成……………75
　六　鄭藻裳式簡字………………77
　七　陳遂意式簡字………………77
　八　張海畫式簡字………………77
　九　李業鴻式簡字………………78
　　簡字運動之三時期……………78
　　注音字母之基本原則…………79
　　各色簡字與注音聲符比較表
　　注音韻符與各式簡字比較表
總結…………………………………80

自序

這本小冊子的初稿是民國十七年一月三日在廣州寫成的。十九年我在清華大學教書的時候，曾經把牠加以訂補，當作中國音韻沿革講義的一部分，後來嫌牠有點兒'附庸蔚爲大國'的神氣，所以決定把牠單行。因爲這個問題在中國音韻沿革裏雖然無須說得十二分詳細，可是在國語演進的文獻上牠本身卻有存在的價值。

漢字的體系本來屬於衍形而不屬於衍聲，所以宜於'目治'而不宜於'耳治'。拿牠來作標音的工具，無論如何總會感覺困難的。從標音方法的演進上看，'以事爲名，取譬相成'的'諧聲'以及'本無（或有）其字，依聲託事'的'叚借'已然是表音的成分多，表意的成分少，然而離音標文字畢竟尙去一間，於是在識字上往往發見類推的錯誤，在讀古書時也不免有'以文害辭'的毛病。至於漢儒的'讀若'，'讀如'以及'急氣'，'緩氣'，'長言'，'短言'，'籠口'，'閉口'，'橫口'，'踧口'之類，越發使人模糊影響摸不着頭緒！拿甲字注乙字的'直音'，固然比較切實一點兒，然而'或無同音之字則其法窮，雖有同音之字而隱僻難識，則其法又窮'。到了漢末經師糾造出用兩字拼合一音的'反切'，漢字的標音方法纔有了一大進步。不過，反切上字是代表聲的，反切下字是代表韻的，漢字既然絕少單純的聲素或韻素，所以上字後半往往贅附着韻，下字的前半往往多餘了聲，除非心知其意的人終覺得扞格難諧。於是從明朝以來很有好些人見到這點毛病，想設法改良牠，就中如呂坤的交泰韻，楊選杞的聲韻同然集，李光地的音韻闡微跟劉熙載的四音定切等都是煞費苦心的，結果因為'漢文之有音無字者多，欲得正音必婉轉以求其相近'，總不免存其彷彿，不愜於心。到了這步田地，音標必須代替反切而興，的確有實逼處此的趨勢。

國音字母就是應着這種趨勢而產生的。雖然牠的第一式纔有十五年的壽命，第二式纔有五年的壽命，可是從三百年前就播下了種子，從近五十年來已竟在那兒欣欣向榮的發育滋長。其間不知經過多少次挫折，耗費了

自　序

多少人的心血。我們如果承認國音字母對於文化推進跟教育普及上有相當的貢獻，我們就不能漠視這一段史實，不能埋沒這些前驅者的功績！我所以要整理這一批材料就是為這個緣故。

談到漢字改革的問題，我到現在還主張用注音符號輔助漢字的讀音，用國語羅馬字剙造未來的新文字。近來有些人在那兒提倡減少漢字筆畫創製一種以形為主的簡字，這不免近乎'童牛角馬，不古不今'的辦法。有人說：漢字之有今日本來經過甲骨，金文，籀，篆，隸，楷，草的演變，那麼，旣然可以變之於先，為什麼不可以變之於後？要解答這個問題，我們先得知道漢字的應否改革根本是體系的問題。假如這種體系應該改革，那麼要想不作一個'骸骨迷戀者'，最好就作得澈底一點兒旣然不迷戀骸骨，何必再去迷戀骸骨的灰燼？假如這種體系不必改革，那麼漢字所以還有存在的理由，正因為牠還有那麼一大些讀物，儻若不能'悉謁守尉雜燒之'，又一時不能全用'簡字'體重刊，那麼要使認得簡字的人讀古書(或非古書)，豈非得費兩道手？豈非增加了漢字的糾紛？況且就已發表的簡字方案看起來，牠的易識，易寫的程度究竟有多少，是不難計算出來的。所以，據我的淺見以為與其搞這麼一回麻煩，還不如根本把漢字當希臘文拉丁文看待，在中學以下專讀拼音文字的新讀物，從中學起再添教漢文，以供'骸骨迷戀者'的學習。這種辦法同鋼和泰 (Baron A. von Staël-Holstein) 教授梵文，先教人熟讀他用羅馬字編的四十四頁講義，然後纔開始教人認識繁難的天城體梵字 (Devanāgari) 恰好相似的。關於這個問題，自然另外還得從長討論，在這兒不過因為敘述國音字母的演進，略微說一說我一時的感想罷了。

　　這本書的印行，我得謝謝國語統一籌備委員會及吾友馬翰屏先生允許我利用他們所藏的一批材料。全書寫完後，承趙元任先生從頭到尾替我看了一遍並且提示了好些意見，尤其使我感謝！

中華民國二十三年二月十五日羅常培序於上海小萬柳堂

darin-Chinese Recorder XXXIII pp.521-523, 1902

Geo. M. Hubbard: Some thought about Romanized Chinese-China Review XXXIV pp. 244-246 1903.

Mandarin Romanization-China Review XXXIV pp. 347-349, 1903.

P. Kranz: The "Chinese Alphabet" 1903.

A. R. Kepler: The Practicability and Utility of Romanization-China Review XXXV pp. 410-412, 1904.

R. Grant Brown: The use of the Roman Character for Oriental Language J. R. A. S. July, 1912 pp. 647-663.

Shanghai Romanization-China Review XXXIV pp. 401-404, 1903.

Ningpo Romanization-China Review XXXIV pp. 457-460, 1903.

W. D. Rudland: T'ai-chow Romanization-Chinese

Recorder XXXV pp. 89-91, 1904.

Wm. Bridie: Cantonese Romanization–China Review XXXV pp. 309-311, 1904.

Hugh Stowell Phillips: The Kien-Ning Romanised Dialects–China Review XXXV pp. 517-519, 1904.

P. W. Pitcher: Amoy Romanization its History. Purpose and Results–China Review XXXV pp. 567-573, 1904.

J. C. V. Levasseur et H. Kurz: Tableau des Elemens Vocaux de L'Écriture Chinoise 1829.

W. Wassilieff: Les Phonétiques Chinois disposed D'apres le systeme Graphique 1857.

Maurice Courant: A propos du "systeme unigue de transcription en letters Latines des Caractères du Dictionaire de K'ang-hi"–T'oung Pao X, pp. 53-69, 1899.

Ministere de Affaires Étrangeres–tableau de Transcription Française des sons Chinoise 1901.

國音字母演進史

引　言

自民國七年（一九一八）十一月二十三日教育部公布注音字母（十九年四月二十一日中央執行委員會議決改稱注音符號）及十七年（一九二八）九月二十六日大學院公布國語羅馬字拼音法式以來，國音字母之第一第二兩式乃相繼完成，漢字之標音方法遂自'反切'一變而爲'拼音'：此誠中國音韻學史上一大革新也。然一切文化之演進，皆漸變而非頓變，國音字母之公布，雖在最近十五年間，若溯其淵源，則固胚胎於三百年前，而孕育經數十年之久矣。試臚陳事實，以竟吾說。

國音字母之發端

考羅馬字母拼切華音，自明末已見其端：萬曆間，耶穌會士傳教西來，利瑪竇 (Matteo Ricci)，郭居靜 (Lazane Cattaneo)，龐迪我 (Diegeo de Pantoja) 等，相繼有泰西字母及西字奇蹟等書之作，而以金尼閣 (Nicolas Trigault) 之西儒耳目資（一六二六）系統尤爲完整。其所定字母凡自鳴者五，同鳴者二十，'第舉二十五字，才一因重麈盪，而中國文字之源畢盡於此'。方諸反切舊法，其繁簡難易，實不可以道里計。當時我國學者，方以智楊選杞劉獻廷等皆蒙其影響。三家所著之書雖猶未能逕用羅馬字母拼音，而於聲韻之理，頗多新悟。故方以智曰：

> 字之紛也，卽緣通與借耳。若事屬一字，字各一義，如遠西因事乃合音，因音而成字，不重不共，不尤愈乎？（通雅卷一頁十八）

楊選杞曰：

辛卯（一六五一）餬口舊金吾吳期翁家。其猶子芸章，一日出西儒耳目資以示余，予閱未終卷，頓悟切字有一定之理，因可爲一定之法。（聲韻同然集紀事）
劉獻廷與西儒耳目資之淵源，雖無明文可考，然其所爲新韻譜，旣嘗參證'泰西臘頂語'，且於琉球'紅夷'等國文字亦思'懸金而求募賊以竊'，則於當時流行之金尼閣書，必不至未嘗寓目，是其論音卓見，亦或有所依據也。然則西儒耳目資在音韻學史上之地位，其可與梵文化之守溫字母先後媲美歟❶？惟自清雍正元年（一七二三）因耶穌會士黨允礽，乃徇閩浙總督滿寶請：除在欽天監供職之西洋人外，其餘皆驅往澳門看管，不許闌入內地，此後二百年間，閉關爲治，華語譯音之需要，反不逮曩時。而音韻學革新之曙光，亦遂因之中黯。洎鴉片戰後（一八四二），海禁大開，通商傳教，交涉日密。舉凡稅關郵局公牘報章所用之人名地名，必經西譯。而來華教士爲學習華語，傳播福音，亦競研求拼切法式。舉其

❶參閱拙著：耶穌會士在音韻學上之貢獻國立中央研究院歷史語言研究所集刊第一本第三分。

著者，則有：

T. P. Crawford: A System of Phonetic symbols for writing the Dialects of China-China Review XIX pp. 101-110, 1888.

Harlan P. Beach: Another Chinese Phonotype-China Review XIX pp. 293-298, 1888.

Duncan Kay: Dr. Crawford's Phonetic Symbols-China Review XIX pp. 298-300, 1888.

Another Phonography-China Review XX pp. 171-172, 1889.

J. A. Silsby: Phonetic Representation of Chinese sounds-Chinese Recorder XXIV pp. 472-479, 1892

W. A. P. Martin: A Plea for the Romanizing of Local Dialects-China Review XXXIII pp. 18-19, 1902.

A Uniform System of Romanization for Mandarin--China Review XXXIII pp. 138-139, 1902.

John Darroch: Phonetic Representation of Mandarin-Chinese Recorder XXXIII pp.521-523,1902

Geo. M. Hubbard: Some thought about Romanized Chinese-China Review XXXIV pp. 244-246 1903.

Mandarin Romanization-China Review XXXIV pp. 347-349, 1903.

P. Kranz: The "Chinese Alphabet" 1903.

A. R. Kepler: The Practicability and Utility of Romanization-China Review XXXV pp. 410-412, 1904.

R. Grant Brown: The use of the Roman Character for Oriental Language J. R. A. S. July, 1912 pp. 647-663.

Shanghai Romanization-China Review XXXIV pp. 401-404, 1903.

Ningpo Romanization-China Review XXXIV pp. 457-460, 1903.

W. D. Rudland: T'ai-chow Romanization-Chinese

Recorder XXXV pp. 89-91, 1904.

Wm. Bridie: Cantonese Romanization–China Review XXXV pp. 309-311, 1904.

Hugh Stowell Phillips: The Kien-Ning Romanised Dialects–China Review XXXV pp. 517-519, 1904.

P. W. Pitcher: Amoy Romanization its History. Purpose and Results–China Review XXXV pp. 567-573, 1904.

J. C. V. Levasseur et H. Kurz: Tableau des Elemens Vocaux de L'Écriture Chinoise 1829.

W. Wassilieff: Les Phonétiques Chinois disposed D'apres le systeme Graphique 1857.

Maurice Courant: A propos du "systeme unigue de transcription en letters Latines des Caractères du Dictionaire de K'ang-hi"–T'oung Pao X, pp. 53-69, 1899.

Ministere de Affaires Étrangeres–tableau de Transcription Française des sons Chinoise 1901.

Methode de Transcripion Francaise des sons Chinois Adoptee Par le Ministere des Affaires Étrangeres-Bulletin Com. Asie Franc., Mars 1902, pp. 112-117.

Rene Martin-Fortris: Tableau des sons Mandarins des Caractère Chinois-Verhandl XIII 1902 pp. 174-176.

Transiliteration du Chinoise-Note de M. Martin-Fortris-Tʻoung Pao Series II vol. IV p. 384, 1903.

Rene Martin-Fortris: Manuel international de Trnascription des sons de la lanque Mandarine 1911.

L. Kuentz: Le Nouvel Alphabet Chinois-A Travers le monde XIX 1913, p. 69.

Jos. Mullie: La Romanisation du Chinois.

J. G. H. Kinberg Jubilee: Novao Literae Asiae Orientalis-A new alphabet for China and Japan.

J. M. Callery: Systema Phonetcum Scripturae Sinicae.

F. Kuhnert: Das Wesen der Chinesischen Sprache-
Oest. Monats f. d. Orient. Wien 1897, pp. 121-126.

於是華音字典，士白聖經，波屬雲委，盛極一時。釋義細目，不下數百餘種，而拼法互異，覽者目炫。高本漢所著：官話注音讀本（A Mandarin Phonetic Reader in the Pekinese Dialect, 1917）列舉：

(1) Sir Thomas Wade: 語言自邇集 Yüyen tzu erh chi, London, 1867.

(2) C. W. Mateer: 官話類編 A Course of Mandarin Lessons based on idiom, 1892.

(3) The modern system employed by the Bulletin de l'Ecole Française d'Extreme Orient (BEFEO)

(4) F. Lessing and W. Othmer: Lehrgang der Nord-chinesischen Umgangssprache, Tsingtau, 1912.

(5) Лещу-Ровъ: Китайско-Русскій Словарб, 1887.

五種，代表英法德俄諸式，以與其所用之龍德爾字母（Lundell's Alphabets）對照，纂要鉤玄，頗足參據。然我國所習用者，惟威安瑪式（T. F. Wade's System）及郵政式（Postal System）流行較廣。彙編詞書，各成巨製，而學校教會鐵路報章仍不免自成風氣。蓋以本國方音，隨地而異，故香港譯成 Hongkong，周姓歧作 Chou, Tseu，或因國語未通，或因習慣已久。且四聲界限不明，則山西與陝西莫辨；平聲陰陽相混，則唐山與湯山無殊；以 L 拼 i，黎李可成同姓；將 ang 綴 ch，昌章竟是一名。威妥瑪諸人，亦感及此，故或加符號以辨發音，或用數碼以表聲調；然書寫既苦繁蕪，印刷尤多障礙❶；勢不得不別謀改善之方，以資救濟。此拼音標運動之潛根期也。

---

❶參閱民國十五年十一月五日，國語統一籌備會公布國語羅馬字布告。

國語羅馬字之演進

　　清光緒中葉以後，憂時之士感於國勢積弱，由於教育不普及；教育不普及由於漢字繁難：於是羣倡漢字改革之說。綜其主張，約別三派：其一，主張廢棄漢語漢字逕以萬國新語（Esperanto）代之。其議論多載於清光緒三十四年至宣統二年間（一九〇八——一九一〇）巴黎留法學生主辦之新世紀週刊中：此急進派也。其二，主張仿照西洋教士所創羅馬拼音字，製造字母以代替漢文，或輔助漢文：此折衷派也。其三，主張仿照日本假名制製造拼音簡字，以改良反切，輔助讀音：此穩健派也。急進主張軼乎本篇範圍，此不具論。茲先述羅馬拼音運動，次及簡字運動。

　　西洋教士所創之羅馬拼音風行而後，我國人士據其體製以自造切音新字者實繁有徒。溯其演進之迹，約可分爲三期：

　　（壹）萌芽期——清光緒十八年至民國七年（一八九

二——一九一八)。

此期所作均屬草創，然篳路藍縷之功，殊不可沒。舉其著者，可得八家：

（一）盧戇章中國第一快切音新字 清光緒十八年壬辰（一八九二）。

戇章字雪樵，福建同安人，生於清咸豐四年甲寅（一八五四），卒於民國十七年（一九二八）。居廈門。九歲啓蒙，十八應試不售。逾三年遂赴新嘉坡半工半讀專習英文。二十五返廈門，應英教士馬約翰聘，助譯華英字典。其時閩南教士已利用羅馬字母，參酌漳泉通俗韻書十五音，創製話音字一種，以拼切土腔。盧氏嫌其以數母拼切一字，長短參差，頗佔篇幅。思欲另創'字母'（卽韻母）'韻腳'（卽聲母）二合成音之法。於是屛絕外務，苦心研究，歷十餘年，選定符號五十五，製成羅馬式字母一種，定名爲'中國第一快切音新字'。字母體勢自謂由ＬＣＯ三畫推衍而成，蓋欲貫澈二合成音之法，避免結合韻母，故惟遷就羅馬字母，略加增改，以賅括華音所有聲韻，而其字形遂不免有不中不西，怪僻難識之弊。其總字母五十五中，廈腔祇用三十六字，漳加二字，泉加七字，共四十五字；其餘十字則屬各處之總腔。然是年所刊行者，祇中國切音新字廈腔一目了然初階一種（廈門五崎頂倍文齋刻本）。其標調方法：上平無號，上聲加ノ，上去加ヽ，上入加・，下平加ㄥ，下去加一，下入加｜，亦與教士所創之廈腔新字相同；惟於鼻韻各調另造⌐－）・‥⌣～⌐七號而已。此書刊行後，盧氏亦自感不便，遂廢棄之，而於光緒二十二年（一八九六）改製假名式之簡字，別於次章述之。

（二）朱文熊江蘇新字母 清光緒三十二年（一九〇六）五月日本東京淺草區新猿屋町二番地同文印刷局排印本。

原書自序云：'余讀上海沈君（學）之切音新字，直隸王君（照）之官話字母，未嘗不歎美而稱羨之也。顧切音新字形式離奇，難於識別；官話字母取法假名，符號實多。余以爲與其造世界未有之新字，不如採用世界所通行之字母。用是採取歐文，或仍其舊音，或變其讀法，又添造六字以補其不足。凡字母三十二字，變音二字，雙聲十一字，熟音九字。變音以點為符，雙聲合兩元音而成一音，熟音合兩僕音而成一音。上考等韻，下據反切，旁用羅馬及英文拼法，以成一種新文字，將以供我國通俗文字之用，而先試之於江蘇，命曰江蘇新字母，而所注國字暫以蘇音為準。曰江蘇新字母者，乃就其一端言之，其實各省音及北京音均能拼切，但略加其音調高低緩急之號而已'。今案朱氏添造之六字，為倒 e，倒 r，倒 t，倒 f，倒 l，橫 c，不過利用原有之羅馬字母或倒書之，或橫書之。其所謂'雙聲'則指複韻 (Diphthongs)；所謂'熟音'則指用雙輔音所標之各聲。至於標調方法，朱氏已知利用字母而避免附加符號。故原書凡例六云：'蘇音四聲有別，拼音時，平入兩聲其元音不同，而加 s 於平聲字之後為上聲，加 h 於平聲字之後為去聲：s，h 兩字均不讀音'。蓋已為國語羅馬字之先聲矣。其後朱氏於民國五年（一九一六）復致王璞書論江蘇新字母與注音字母之異同，謂官話所有，蘇音所無者，祇出ㄔㄕㄖ四音，ㄩㄣㄡ又ㄢ四韻。因援'雙聲'，'熟音'之例，以 tz, hz, sz, gz. 表ㄓㄔㄕㄖ，以 iɿ ən uw ɑɻ 表ㄩㄣㄡㄞ，欲以代替注音字母，或作注音字母之草體，而依西法橫書之。然亦未得若何結果也。

（三）江亢虎通字（清光緒間）

江氏原書，余未獲得。惟據劉孟揚中國音標字書自序，及凡例，知'其字母純用英字，而拼法讀法稍加變通：其四聲符號則加阿拉伯數碼１２３４於字尾上；蓋與威妥瑪式近似者也'。

（四）劉孟揚中國音標字書清光緒三十四年（一九〇八）排印本。

孟揚字伯年，河北天津人。原書凡例二云：'此音標字母二十六，從中化生主音十，僕音二十一，複主音七，副僕音二十九，半主半僕音五，無論華語洋語，華字音洋字音，如法求之，皆不出乎其中'。又凡例八云：'字母中之主音皆讀作陰平聲，凡陰平聲之字母庸加韻符，其陽平聲及上去入聲各字，則各加韻符於字尾主音之上'。其所謂韻符，則陽平╱，上聲╚，去聲╲，入聲∧，是也。

（五）黄虛白拉丁文臆解清宣統元年（一九〇九）稿本。
虛白字止祥，河南祥符人。所著有漢文音和簡易識字法別詳次章。此書卽附錄於簡易識字法之末。所定字母（卽聲母）凡二十二，但與 i, u, iu 三介音拼合共得有聲之前音五十八。所定音韻（卽韻）凡十有六，蓋就五方元音之十二韻而分虎部爲 u, iu 兩韻，分地部爲 i, e 而另加 ei, er 兩韻。惟加用一 q 於字前又特別分出 wei 韻爲 ei 韻之合口，皆未免自亂其例耳！至於標調之法則謂：'取用音韻與字母以記四聲者皆作無聲字用：音韻加於字前，字母加於字後，以代點記'。其所定'上平，下平，清上，次上，清去，次去，上入，下入，'八聲之符號，加於字前者爲'o, oi, a, ay, u, uy, e, ei'；加於字後者爲'c, k, r, l, h, v, d, t'。較朱文熊但加 s, h 於上去二聲之後者，已趨精密矣。

（六）邢島式拼音字母 民國二年（一九一三）讀音統一會油印本。

島字瘦山．江蘇人。民國二年任讀音統一會會員。其所定字母大體依據羅馬字母而有所增益。其提案說明書云:'採用羅馬字母者,輒拘其字數,一若二十六字母乃一成不變之物,不可增刪移易者。不知字母之數,亦隨國音而定,本無定律。如英德二十六,法二十五,愛斯語二十八,在彼西國尙有變通,不足則加,有餘則減,斷無截足就履之理。且音韻我國最備,苟欲襲用其字母之成數,而不隨國音規定,勢必多立種種拼音綴韻之法,以濟其窮,亦徒耗青年之腦力耳。故鄙人於擇用希臘拉丁字母外,復增十數字母。至所以採用西字之故,一則求其大同,一則求其簡便適用'。其增益旨趣,略具於此。又邢氏別有改革文字意見書載東方雜誌九卷七號。

（七）劉繼善新華字民國三年（一九一四）八月排印本。繼善山東人,民國二年任教育部讀音統一會會員。案,新華字民國元年正月十五日自序云:'鄙人於音義文字一道,頗費精研。由辛丑迄今,十數寒暑,搜羅各國字母書法以及近今諸大家著述,取其精妙者,卒成一篇。以二十六字母按天然音義配置而成文,名曰音義文字'。是其採用羅馬字母由來已久。及其參加讀音統一會，復擬有假名式之音義簡字。（見新華字附錄各家字母表）。卒以羅馬字母有'筆畫單簡'，'易於連合'及'萬國文界公用爲利器'之三種利益（見民國三年自序），遂更刊行此書。嗣於民國五年（一九一六）又印行劉氏羅馬字單張，音素內容多有變動。其標調之法，劉氏初於新華字中以爲'素日注音之羅馬字均以數目字標明四聲，今因每字各具當然之意義，故四聲自在其中，勿庸復贅矣。然於祇用音字時，則以標四聲爲宜而於字典中仍將四聲注明，以便檢用'。惟其注法若何，迄無明文。其後於劉氏羅馬字聲韻表附註中始定條例云：'上平聲其音平直，故以"平"字之首母 p 誌之；下平聲其音浮上，故以"浮"字之首母 f 誌之；上聲其音曲彎，故以"曲"字之首母 q 誌之；去聲其音落下，故以"落"字之首母 l 誌之；入聲其音短促，故以"短"字之首母 d 誌之'。至於'義字之構造，係取其字義之首字母加於音字之尾而成'。（新華字凡例六）。'每一雙音或多音只指一意義一事物者，卽連書其音，不加義母。如有音同義異者,亦如獨音字之作法'。(凡例九)。'凡常用之字,以少加義母為妙,所為單簡也'。(凡例十三)。'凡 a, e, o, y 四母於作義母時,須以 v 母代之;凡 u 母於作義母時,須以 w 代之;以免其發音'。(附錄四)。頭緒紛繁,不便實用。其後,劉氏復於民國六年二月二十二日致王璞書云:'前之樣本中之字義,因漫無限制,必須逐字習學,是以人多難之。今將字典中所有各種字義全數檢查,各以二三字母標明之。此步工夫若告成,則可省去檢查字典之事。此種字義之數目,當在一千之內。凡同意之字,俱以一定之字母標明之。比方 b 為"不",凡不意之字,俱加 b 母於音字之後;如:弗 fub,勿 wub 等是也。又如 fw 為"房屋",凡房屋之字俱加 fw 於音字之後,如:室 shifw,宮 kungfw,宸 ch'enfw 等是也。又"糧房"為 lf,則倉 ts'anglf,廒 aolf,廩 linlf 等是也。餘如喜愛快慢大小男女等,均如此為之。字義至多以三母為限,音字亦以三母為限,每字音義俱全共不過六母。其中一字母之二十個(因 a, e, i, o, u, y 六母不能作字義也），二母之字義共四百個，三母之字義可得八千：共計八千四百二十個。若能拼爲一千字義，已屬詳細矣'。是劉氏對於舊法，已自知改良。惟如上所云：每字音義俱全，共爲六母，若更加標調之字母，則一字卽可多至七文，以視漢字尤爲繁複難識，宜其不能通行矣！此後王景春陳彝煜等皆倡爲音義羅馬字制，亦並未能見諸實用也。

（八）鍾雄新字母發明書 民國七年（一九一八）廣東刻本 雄廣東寶安人。是書以粵音爲主，其字母組織，凡'啞音字母（卽聲母）二十八個，響音字母（卽韻母）四十二個，共成七十個。並用平上去入出聲附之。則無論各處方言，全球人類之聲音，無不可順口串出，順手寫出。每字母之旁，另有兩數目字代之。所以單用數目字以代字，亦可以手談，眼談，打電，打燈及吹號等用，誠非常之利便。此種新法，完全出於天籟，無半點難處。倘能識粵音者，經予所設各教授處之教員，教授數句鐘之久，學者無不明其理，而豁然貫通焉'。其所謂'啞音'則用羅馬字母而稍加增減：所謂'響音'

則用弧矢等線構成：蓋爲羅馬式與速記式之混合體，又羼雜數碼傳聲法者也。其標調之法，則上四聲'響音'俱寫細畫，下四聲'響音'俱寫粗畫，平聲不加點，上聲點於右下，去聲點於右中，入聲點於右上，出聲（即中入）點於左上。如其字橫寫，則由左而點；凡兩筆而成之字，點向下筆。綜其體製，頗爲糅雜，故拼成之字極不調和：較之盧戇章之一目了然初階，殆猶遠遜也。

　　上述八家而外，當民國二年教育部召集讀音統一會時，會員楊曾誥主張純用羅馬字母，吳敬恆及留意學生會提案主張兼採羅馬字母而稍加變通：茲以書缺有間，不復詳陳。然就此八家而論，其共同之缺點，則在祇知以羅馬字母拼切單音漢字，尙未能運用'詞類連書'方法以減少同音異義之困難。劉氏音義字雖欲別圖救濟，而以立法不善，反有欲簡彌繁之弊。至於標調方法，則除朱氏江蘇新字母，黃氏拉丁文臆解，劉氏新華字外，仍不能避免附加符號之累贅也。

　　（貳）發育期——民國七年至十四年（一九一八——

一九二五）

　　當民國七年注音字母公布前後，急進之漢字改革論者，復持以 Esperanto 代用漢語之說。於是廢棄漢字改用羅馬拼音之主張，亦復乘時再起。其議論多載於新青年新潮時事新報學燈及國語月刊等刊物中。茲舉其重要者如下：

　　（一）胡適答朱經農書論羅馬字拼音 新青年五卷二號民國七年（一九一八）七月十四日

　　朱君來書致疑於'詩''絲''思''私''司''師'等同音異義字，如用羅馬字拼音則混而無別。答書因謂：此等字在白話中多變為複音詞，如'蠶絲'，'思想'，'思量'，'司理'，'職司'，'自私'，'私下裏'，'師傅'，'老師'之類，翻成拼音字，即無妨礙。以言語全為上下文之關係（Contextua），句中之字並非獨立之物：此實羅馬拼音字發育期中一重要觀念也。

　　（二）朱我農致胡適書，論羅馬字母拼中國音之可行 新青年五卷二號民國七年（一九一八）

　　朱君鑒於廈門汕頭臺灣等處教會所發行之 Romanized Chinese 效率甚大，因贊成漢語改用羅馬字拼音。並謂：各省語音不同，可勿慮及。若有標準拼法，俟其讀法通行，非特不至有礙，且可統一中國之語音云。

（三）傅斯年漢語改用拼音文字的初步談新潮一卷三號民國八年(一九一九)二月十二日

此篇所擬製造拼音文字之條例凡分三項：第一，關於字母選用問題，主張採用羅馬字母一系而就中國聲韻情形稍加變通。第二，關於字音選定問題，主張以所謂'藍青官話'為根據。第三，關於文字結構問題，主張以詞為單位，不以字為單位。此外復擬酌加表示文法作用及辨別同音異義字兩種符號。惟前者並未提出具體辦法，後者則祇擬增加'與發聲無關的假字母'而已。至於標調方法，主張平入無號，上聲於主要字母下加一小點，去聲於主要字母下加一小橫，置陽平不論，未免脫略。要之，作者對於此篇雖自認為發抒一時感想之'急就章'，然有二三觀點，已為構成新文字之先聲。較胡適主張但就上下文以分別同音字者，似已又進一步矣。

上述三家中胡傅二氏已知用羅馬字拼切漢語，應以詞爲單位，不以字爲單位，且對於羅馬字之觀念，已自輔助漢字之'拼音'，進爲代替漢字之'拼音文字'，惟於標調方法尙未能盡臻妥善耳。其後黎錦熙作高元國音學序及漢字革命軍前進的一條大路兩文，於'語詞複音化'及'詞類連書'兩義尤有精闢之發揮。❶ 此外民國八年四五兩月時事新報學燈中，尙載有惲秋星王崇植等互相辯駁之文章，而俄國盲詩人愛羅先珂，美國教育學者孟祿博士，亦均注意中國文字之改良問題❷。至於日本諸橋轍次之支那的國語國字問題（日本國語教育雜誌五卷十一號）及鳥谷陽太郎之支那新音標文字（日本羅馬字雜誌）等篇，尤同情於漢語采用羅馬字拼音運動。❸ 故關於此問題之討論，可謂盛極一時。而實際創製羅馬字拼音制度者，惟民國十一年（一九二二）八月國語月刊

---

❶見教育雜誌十四卷三號及國語月刊漢字改革號。

❷參閱黎錦熙旁觀者淸——國語月刊第一卷第四期。

❸參閱楊遇夫日本人和漢字改革——國語月刊漢字改革號頁一三七——一四〇。

漢字改革號中載有錢玄同式兩種；趙元任式一種；民十二(一九二三)周辨明有中華國語音聲字制一種；民十三(一九二四)林玉堂有改良趙式國語羅馬字草稿一種：雖取母對音標調諸法各有不同，而拼字時，必用'詞類連書'則已趨於一致。茲分述各式之要點於下：

（四）錢玄同式　錢氏以為：注音字母雖為已改革之漢字，雖為拼音之字母，然與世界通行之'羅馬字母式的字母'尚去一間。故謂漢字改用注音字母為'漢字之根本改革'，必採用'羅馬字母式的字母'乃為'漢字之根本改革的根本改革'。其所以不主張直接採用羅馬二十六字母者，以羅馬字母雖有'易寫''美觀'兩優點，而同時亦有'音太缺乏'，'音有重複'，'音無定讀'三劣點：不如採用羅馬字母式之國際音標可以有利無弊。❶故其所擬之國語字母二種，甲式即以國際音標為準，中有 g dʒ t ʃʃ ʒ ŋ a ŋ 八母為羅馬字母所無。若遇印刷或打字發生困難時，則可以乙式之 g, gh,

---

❶參閱錢玄同漢字革命第四五兩段——國語月刊漢字改革號頁十九——二十四。

ch, sh, jh, vh, a, ng 代之。❶是當時錢氏雖主張採用國際音標而於羅馬字母亦並存不廢。其後盧自然作漢字改革的我見附和錢氏採用國際音標之說。❷而錢氏復以國際音標複雜細密宜於嚴式之審音，不宜於寬式之實用。遂自廢棄其主張而贊成純用羅馬字母。其思想變遷之經過，於跋嵩山論羅馬字母拼音書中自述甚詳，可參閱之。❸

（五）趙元任式　趙氏關於漢字改用羅馬字母拼音之意見，當民國五年六月在留美學生月報中已有詳細之討論。❹嗣於民國十年在美國哈佛大學教授華語，復將其所擬之拼音字母加以實驗。至民國十一年作國語羅馬字的研究始將草稿發表，以徵求建設的批評。其

❶參閱國語月刊漢字改革號，頁一一九——一二〇。

❷見國語月刊第一卷第十二期。

❸見語絲第五十九期。

❹ Y. R. Chao: The Problem of the Chinese Language, The Chinese Student's Monthly, Vol. XI, No. 8, June, 1916, pp.572-593.

字母制度係根據二十五項原則擬定：

（1）爲永久實用計；

（2）準統計定利弊的輕重；

（3）順天演趨勢；

（4）犧牲理論上的規則；

（5）學習的時間不妨長些；

（6）不作精確研究的器具；

（7）一國文字不是專爲音韻家字典家的方便而設的；

（8）無用處不細分辨；

（9）文字須要容易學寫，容易印刷；

（10）限於二十六個老字母，不造新字形；

（11）不加符號；

（12）一個字可以有兩種或幾種讀法；

（13）單字母可以代表複合聲音；

（14）最常用的聲音，符號須要簡易；

（15）從世界習慣；

（16）於分辨上無妨礙處，字形要求短；

(17)單音不用拼字；

(18)文字要容易辨認；

(19)有用處儘細分；

(20)尚形；

(21)儘字母全用；

(22)用濁音字母當清音不送氣的音；

(23)字形要醒目不易混淆；

(24)詞類連寫；

(25)加聲調算字形的一部分；❶

其中尤以(11)(12)(22)(24)(25)五項最關重要。此文發表後，周辨明林玉堂相繼均有討論。趙氏復於民國十二年（一九二三）九月一日重加釐訂。❷計此兩次草稿之歧異者：聲母則初刪ㄪ繼增 v；ㄏㄐㄕㄗ初作 x, tc, c, z 繼改 h, ch, sh, tz。韻母則ㄩ, ㄩㄝ, ㄩㄢ, ㄩㄣ, 初作 v, ve, van, vn 繼改 ü, üe, üan, ün；ㄨㄟ, ㄨㄣ初分為 uei, ui, uen, un 四韻，繼併為 uei, uen 兩韻。聲調則陰平入聲初加 h，繼改無號。陽平初擬

---

❶參閱國語月刊漢字改革號頁八七————七。

❷參閱國語月刊第二卷第一期新文字運動的討論。

開口呼雙寫聲母，有 i, u, v 者改作 y, w, yv; 繼復重訂細目四則：'(1) i, u, ü 當全韻的改作 yi, wu, yü, 當韻母第一音的改作 y, w, yü; (2) m, v, n, l, q, r 在 ai, ei, ao, ou, an, en, aq, eq 前無號；(3) er 作 err; (4) 其餘的聲母或聲母第一字雙寫'。賞聲雙寫主要元音，前後相同。去聲初擬不用符號，繼訂 'i, u, ü, ai, ei, ao, ou, iai, iao, iu, uai, uei, -n, -q 改作 iy, uw, üy, ay, ey, aw, ow, iay, iaw, iw, uay, uey, -nn, -qq; 其餘後加 h, '。永久輕讀聲調前後均不加符號；惟以拼法論，初似去聲，繼如陰平而已。

（六）周辨明式　周氏初於民國十一年（一九二二）作中華國語音母和注聲的芻議對於'音母'主張採用國際音標；對於'注聲'主張'用中國的號碼 Ⅰ Ⅱ Ⅲ Ⅹ 來注平上去入各聲。❶ 及趙元任發表其第一次國語羅馬字草稿後，周氏復於民國十二年（一九二三）發表中華國語音聲字制，對於趙氏'字要有聲，以字母注'

---

❶ 見國語月刊第一卷第十期。

之主張，完全承認，而於其所定之制度略有修訂。周氏自定例言十一條：

(1)根據國音字典拼音注聲；

(2)字母採用力求合於發音學的理論；

(3)字體取其便用——便於看，寫，打字，排印；

(4)拼音字力求接近現在已有的羅馬拼音字式；

(5)簡短——字越短越好；

(6)雅觀——與今代西洋文字相彷彿；但意德英法諸文字體有優先採仿之權利；

(7)注音——注音不用符號；

(8)可做後來學發音，方言，外國語的預備；

(9)承認 b, p, d, t, g, k 等字母根本清濁之分有保存之必要；

(10)使中國語言送氣和不送氣音的特色，得以顯出；

(11)承認 j 和 i，w 和 u 是各成一系的相對音。❶

周氏自謂：此修訂的趙制，仍係音聲合璧，字字有體。其中最要之改變即陽聲字不用雙母。若細較其異同，

❶見國語月刊第一卷第十二期。

聲母則以 p, t, k 表ㄅㄉㄍ；以 ph, th, kh 表ㄆㄊㄎ；以 c, ch, sh 表ㄓㄔㄕ；以 z, zh, s 表ㄗㄘㄙ；遇陽平時 h 母一律變爲 x；p, t, k, f 四母得改爲 b, d, g, v；其重寫輔音者祇餘 s 一母。韻母則以 y 表ㄩ；增 ie, 刪 un；易 oq, ioq 爲 uq, yuq；i, u, y 爲 j, w, jy 除陰平外有拼字及獨用之異。此均與趙制第一次草稿不同。至於聲調鑑別，所差尤鉅。其條例云：

(1) 陰聲照音寫，不另加記號。

(2) 陽聲以音組的起首字母別之，其韻與陰聲同。陽聲音組的首字母是：j, w, m, n, q, l, r, v, ss; x, yb, tx, kx, cx, sx, zx。

(3) 賞聲以韻內元音之最重者雙疊別之。

(4) 去聲以韻的尾末字母別之。末字除 n 和 q 重疊爲 nn 和 qq 外，都加 h 爲記號。

(5) 入聲音組與陰聲同，後加(,)爲記號。此記號在複音詞中有時簡直可省起來。

(6) 賞去入聲諸音組的字首輔音與陰聲同，

(7) 輕聲字寫如陰聲，有時儘可從略，只留其最響亮

的輔音。❶

較諸趙制已稍改良，故趙氏第二次草稿中頗採納其意見。然周氏於一九三〇年在德國漢堡(Hamburg)大學語音實驗室收攝國語留聲機片時，復將此制大加變更。綜其要點，聲母除將 j, ch, sh 分化為 gc, kc, hc 及 cz, ch, sh 兩組；韻母除將 iu (ㄩ) y (ㄙ, ㄖ) el (ㄦ) 改為 y (ㄩ) ï (ㄖ) Z (ㄙ) erl (ㄦ) 以外，其餘均與國語羅馬字同。惟標調之法，陰平除'l外均不變。陽平以加 r 於元音後為主：遇 i, u 韻尾變 e, v; n 尾加 d; ng 尾變 nq; uei 母改 ue。賞聲以重寫元音為主：遇 i, u, y 韻頭變 ji, wu, yu; 遇 i, u 韻尾變 j, w; erl 母改 ell; ong 母改 oung; un 母改 wen; ï 作 ïj, z 作 ze。去聲以加 h 於元音後為主；遇 i, u 韻尾變 y, o; n 尾加 t; ng 尾變 nk; erl 母改 el。❷ 複雜凌亂，殊不如國語羅馬字之簡易！是周氏對於自

---

❶見國語月刊第一卷第十二期。

❷Chiu Bien-Ming's "A Phonogram in Chinese" with a Guoryu Romanization System, 1930.

靲之'中華國語音聲字制'雖已不復堅持，而於大學院公布之國語羅馬字猶未肯甘心遵用也。

（七）林語堂式　林氏對於趙氏以字母標調之辦法極端贊成。且當其民國九年在歐洲時卽主張以 r, l, h 代表陽平，上，去三聲，其根本觀念與趙氏不謀而合。其後折衷趙周二制復自定條例云：

（1）陰平聲不加符號。

（2）陽平聲除去 j, l, m, n, ng, w, y 不改變以外一律改寫聲母：

　　（a） f, s, h 雙寫爲 ff, ss, hh;

　　（b） ph, th, kh, ch 改爲 pp, tt, kk, cc;

　　（c） ts, sh 改爲 tz, hs。

（3）通常拼韻母的例是：平聲不加字母，上聲加 r, 去聲加 h (a, ar, ah)。

（4）收 n 音的字平上去是 -n, -rn, -nn (an, arn, ann)。

（5）收 ng 的字平上去是 -ng, -rg, -gg (ang, arg, agg)。

（6）收 i 音的字（i 不當全韻母）平上去是 -i, -e, -y (ai, ae, ay)。

（7）收 u 音的字(u 不當全韻母)，平上去是 -u,-o,-w
(au, ao, aw)。在iu, ou 二韻是 -u,-ou,-ow (iu,
iou, iow; ou, oou, ow)。

（8）入聲應該廢；不廢則韻母照陰平拼；若單音字後
面加（,），複音字不加。

對於趙制改變甚多。至於聲母韻母林氏改易趙制者凡十四條：

（1）b, d, g 改用 p, t, k;

（2）p, t, k 改用 ph, th, kh;

（3）q 改用 ng;

（4）x 改用 h;

（5）r 改用 j;

（6）j 改用 c;

（7）c 改用 sh;

（8）tc 改用 cho（以上聲母）

（9）r 改 y;

（10）z 改用 y;

（11）v, ve, ven, vn 改用 ü, üe, üan, ün;

(12) ao, iao, oq, ioq 改用 au, iau, ung, iung;

(13) aq, eq 等改用 ang, eng 等（收 ng 音）;

(14) iai 併於 ie, ia。

林氏自謂：此十四條其實可併作四五條討論。其所以有如許不同者，一則由於各字母互相牽動，一則由於不主張與世界習慣相差太遠而已。其改良理由備詳趙式羅馬字改良芻議一文中，此不復贅❶。

自此四式發表後，國語羅馬字之芻形已略完具。其後盧自然作對於改）國語羅馬字的討論一文，於錢趙周三式稍有修訂❷；許錫五作新文字制表❸，張學載作國音及羅馬字發音對照表之研究❹，亦各另創新製。然所改良者均不甚多。蓋自黎錦暉，在國語統一籌備會提出'廢除漢字採用新拼音文字案'（民十一）及'請教育部令全國學校使用新文字案'（民十三）；葉谷虛在中華教育改

---

❶見國語月刊第二卷第一期字母討論號上。

❷見國語月刊第二卷第一期字母討論號上。

❸民國十四年許氏印有單行本。

❹見學藝雜誌七卷九號至八卷三號。

國語羅馬字之演進

進社第二次年會提出'請審定一種羅馬字拼音制度案'(民十二)以後，國語羅馬字已由發育期進爲成熟期矣。

（叄）成熟期——民國十四年至十七年(一九二五——一九二八)。

自黎錦暉葉谷虛所提兩案相繼通過後，教育部國語統一籌備會第五次大會復根據錢玄同所提'請組織國語羅馬字委員會案'，議決組織國語羅馬字拼音研究委員會，以錢玄同趙元任黎錦熙林語堂劉復汪怡周辨明等七人爲委員。時以政治影響，統一會不能積極進行。於是劉復約集委員之在北平者，組織數人會。由專家私自會商，從事於國語羅馬字之議定。計自十四年(一九二五)九月二十六日迄十五年(一九二六)九月六日，歷時一年，開會二十二次，始擬定國語羅馬字拼音法式一種。由數人會提出於統一會。統一會乃根據第五次大會之議決於九月十一日召集國語羅馬字拼音研究委員會議決通過。於二十日即函請教育部公布。十月間，專門司已將指令稿擬就而教育當局堅決不肯晝行，延至十一月九日統一會乃自行公布。兩年以後復由大學院於十七年九月二十六日正式公布，認爲此種法式'足以喚起研究全國語音學者之注意，並發表意見，互相參證；且可作爲國音字母第二式以便一切注音之用'。至二十一年五月七日教育部公布之國音常用字彙始以國語羅馬字與注音符號對照記音。於是三十年來，諸家之所辛勤研究熱誠提倡者，至此乃得一結晶，而避免附加符號及'字各有調，以字母注'兩點，實爲此種法式之特色也。茲綜合利瑪竇以後中西各式代表，比較如左，以究其演進之迹：

　　詳審左舉各式，聲母韻母尚皆大同小異，不甚懸殊。惟避免附加符號改用字母標調之原則，則實中國所特創。蓋自朱文熊黃虛白劉繼善以來已漸有此意識，而尚語焉不詳。及趙元任倡之，周辨明林語堂和之，復經數人會反復磋商，斟酌損益，始成現訂之拼法條例。若以美觀，便用，合理三點衡論中西各式之得失，則國語羅馬字迥非其他所能及矣。

附录一

例注：(1)国语罗马字，Wade, M...

国语罗马字	M. Ricci	N. Trigault	J. Edkins	T. F. Wade	C.W. Mateer	Couvreur	内江罗家蝉
b	p	p	p	p	p	p	p
p	p'	p,'	p'	p'	p'	p'	p'
m	m	m	m	m	m	m	m
f	f	f	f	f	f	f	f
v	v	v	—	—	—	—	—
d	t	t	t	t	t	t	t
t	t'	t'	t'	t'	t'	t'	t'
n	n	n	n	n	n	n	n
l	l	l	l	l	l	l	l
g	k	b,q	k	k	k	k	k
k	k'	p',c	k'	k'	k'	k'	k'
ng	ng	o,ng,z	g	ng	o,ng	o,ng	g
h	h	h	h	h	h	h	h
j(i)	—	—	—	ch(i)	ch(i)	—	—
ch(i)	—	—	—	ch'(i)	ch'(i)	—	—
sh(i)	—	—	mh	hs	hs	—	—
r	ɡn	—	—	—	—	ɡn	ɡn
ch	j	j',c	x	sh	sh	ch	ch
ch'	tch	c',h	x	sh'	ch'	tch'	tch'
sh	j	j,g	j	j	j	j	j
tz(1)	zt	c',ç	ç	ts	ts'(tz'd)	ts	ts
ts	ts	c',ç'	ç'	ts'	ts'(tz'd)	ts'	ts'
s	s	s	s	s	s(ss)	s	s
y				y	y	y	y
w				w	w	w	w
yu				yu	yu	yu	

中西各式譯音字母比較表

Vissière or BEFEO	Gabelentz	C. Arendt	F. Lessing	劉復式	黎錦熙式	翻譯雜誌式	經亮民式	趙元任式	國語羅馬字式	林語堂式
p	p'	p	p	b	b	b	pp	b	p	p'(px)
m	m	m	m	m	m	m	m	m	m	m
f	f	f	f	f	f	f	f	f	f	f
—	—	—	—	v	—	v	—	v	v	w
t	t'	t'	t	d	tt	d	d	d	d	t(tx)
t'	t'	t'	t'	t	t	t	t	t	t	t
n	n	n	n	n	n	n	n	n	n	n
l	l	l	l	l	l	l	l	l	l	l
k	k	k	k	g	k	g	g	g	g	k
k'	k'	k'	k'	k	c	k	k	k	k	kh(kx)
o'ng	'ng	ng	ng	o	ng	—	—	x	b	ng
h	h	h'	h	h	h	ch	h	h	x,'h	h,`x
c(i)	ć,ǵ(2)	g	dj	tj	g(i)	cj	ji	gh(i)	j(i)	c(i)
ch'(i)	ć',ǵ'	tj	ch	x(i)	ch	cj	q(i)	ch(i)	ch(i)	ch(i)
—	—	—	—	—	—	—	—	—	—	—
ha	ha,'h	hs	hs	sh	hs	w(i)	sh(i)	sh(i)	sh(i)	sh(i)
tch	ć	ć	dsch	tz	š	cx	j	gh	j	c
ch'	ć'	ć'	tsch	chz	x	cx	b	ch	ch	ch
j	z	ž	j	sz	š	w	sh	sh	sh	sh
ts	tz	ts	ds(1)	ts	z	dz	z	tz	z	j
ts'	ts'	ts'	ts	th	c	tx	c	tz	zh	ts
s(sseu)	s(sz)	s	s	s	s	s	s	s	s	s
y	y	y	y	i	(y)	j	v	v		
w	w	w	w	u	(w)	w	—	w	w	w
yn	yn	yü	ü	(yn)	yh	j	y	yn		
r	r	r	r							

(1) Lessing 劉復譯音字分發音。(2) Arendt 以 ć, ǵ, hs 代表字以 ć', ǵ', hs 代表圈字。

表二　中西各式羅馬字韻母比較表

傳教師	A. Vissière or BEFEO	Gabelantz	C. Arendt	F. Lessing	朱文熊式	劉孟揚式	黃虛白式	劉鑑善式	錢玄同式	趙元任式	周辨明式	林語堂式
	a	a	a	a	r,a	a	a	a	a	a	a	a
	o	o	o	o	u	—	o	—	o	o	o	o
	ö,o	e	ê	ö,o	oo,e	e,y	e	e,i	e	e	e	e
	ai	ai	ai	ai	aɿ	ai	ai	ay	aj	ai	ai	ai
	ei	ei,iei	ei	e		ei	ei	ey	ej	ei	ei	ei
	ao	ao	ao	au	x	ao	au	ao	aw	ao	ao	au
	eou	eu	ou	ou	uw	o	ou	eu	ew	ou	ou	ou
	an	an	an	an	an	an	an	av	an	an	an	an
	en	en	ęn	ēn	un	n	en	en	en	en	en	en
	ang	ang	ang	ang	on	en	ag	ax	ang	aq	aq	ang
	eng	eng	eng	ëng	ən	on	cg	em	eng	eq	eb	eng
	eul	—	örh	örl	l,ù	r	er	er	er	er	er	er
	c,eu	—	ĭ,ĕ	i	ú	z,oi			jh,z	r,z	ï	y
	i	i	i	i	i,ɿ	(1)i	(1)i	y	i	i	i	i
	ia,ea	ia	ia	iä	ir			ya	ja	ia	ia	ia
	io	ioh	io	—	io			—	jo	io	io	io
	ie	ieh	ie	ia	ie			ye	je	ie	ie	ie
	—	iai	iai	—				yy	—	iai	iai	—
	iao,eao	iao	iao	iau	ix			yo	jaw	iao	iao	iau
	ieou	ieu	iu	iu	iw			yu	ju	iu	iu	iu
	ien	ien	ien	ian	ian			yv	jen	ien	ien	ien
	in	in	in	in	iun			yn	in	in	in	in
	iang,eang	iang	iang	iang	ien			yx	jang	iaq	iaq	iang
	ing	ing	ing	ing	ion			ym	ing	iq	iq	ing
	ou	u	u	u	w	u	u	o	u	u	u	u
	oua	ua,oa	uo	ua	wr			oa	wa	ua	ua	ua
	ouo	uo	uo	uo	wo			oe	wo	uo	uo	uo
	—	—	—	—	—			—	—	—	—	—
	ouai	uai,oai	uai	uai	waɿ		wei	oy	waj	uai	uai	uai
	ouei	uei,oei,ui	uei,ui	ui	we			—	uej,wi	uei	uei	ui
	ouan	uan	uan	uan	wan			ov	wan	uan	uau	uan
	ouen	uen	uen,un	un	wun			on	wen,-un	uen	uen	uen,-un
	ouang	uang,oang	uang	uang	won			ox	wang	uaq	uaq	uang
	ong	ung	ung	uug	wun			om	ong	oq	uq	ung
	iu	iü	ü	ü	iɿ	ü	iu	u	y	ü	y	ü
	iue	iüeh	üe	üa	iɿe			ue	vhe	üe	ye	üe
	iuan	iüen	üan	üan	iɿan			uv	vhen	üen	yen	üan
	iun	iün	ün	ün	iɿun			un	yn	ün	yn	ün
	iong	iung	iung	iung	iɿen		q	um	jong	ioq	yuq	iung

附表三 中

調類 \ 派別 \ 條例或符號	國語羅馬字	M. Ricci, N. Trigault, F. S. Couvreur 四川傳教師, Gabelentz	J. Edkins	T. F. C. W. C. Ar 江元虎
陰平	(1)以用基本形式爲原則 (2)聲母若爲 m,n,l,r 則加 h	ー 例如："衣"i	⎕ 例如："衣",yi	1 例如:
陽平	(1)開口韻以加r於元音後爲原則 (2)i,u兩韻前加y,w;iu韻改爲yu, (3)聲母若爲m,n,l,r則用基本形式 (4)凡結合韻母將韻頭之i,u,iu改爲y,w,yu,但ong仍於元音後加r	∧ 例如："移"i	⎕ 例如："移"i	2 例如:
上聲	(1)以雙寫單元音爲原則 (2)iu改u;ai,au改ei,ao但ei,ou仍雙寫韻頭作eei,oou. (3)i,u,iu獨用時前加yw. (4)結合韻母前有聲母時將韻頭之i,u,yu改爲e,o,eu,但ie,uo仍雙寫韻尾作iee,uoo;in ing ong仍雙寫韻頭作iin,iing oong,. (5)結合韻母前無聲母時則在i,u,iu所改之e,o,eu以前另加y,w;但iee,uoo省作yee,woo.	╲ 例如："倚"i	'⎕ 例如："倚"'yi	3 例如:
去聲	(1)單韻以加h爲原則 (2)複韻則將韻尾i,u改爲y,w. (3)附聲韻母及捲舌韻母則將韻尾之n,ng,l改爲nn,nq,ll. (4)i,u,iu獨用時則於ih,uh 前加y,w;將iuh改爲yuh (5)結合韻母前有聲母時準(1)(2)(3) (6)結合韻母前無聲母時則將韻頭i,u,iu 改作y,w,yu, 但inn, inq作yinn,yinq	／ 例如："易"i	⎕(例如："易"yi(	4 例如:
入聲	據白滌洲北音入聲演變考國音入聲除少數轉入陰平及上聲者外大致全清全濁轉入陽平次清次濁轉入去聲	⌣ 例如："一"ie	韻尾後加h 例如："一"yih	入聲混聲但江方例如:i1(Wa i5(江)
輕聲	(1)以用基本形式爲原則 (2)"子"作tz (3)助詞及象聲之詞同輕聲例,亦用基本形式.			

西各式羅馬字標調方法比較表

Wade Mateer ndt 式	朱文熊式	劉孟揚式	黃虛白式	劉繼善式	趙元任式	周辨明式	林語堂式
""	基本形式	不加韻符	字前加o,或字後加c	其音平直故以平字之首母p誌之	無號	照音寫不另加記號	不加符號 凡 i,u,n 用在字首或音組之首時惟陰平不變,其餘一律變為 y,w,yu 但 i,u,當全韻母用及在之 n,ng 之前時須變為 yi,wu.
""	(?)	／ 例如:"慈" Coi	字前加y,或字後加k	其音浮上故以浮字之首母 f 母之	(1) i,u,u 當全韻母的改作yi,wu,yu, (2) m,v,n,l,q,r 在開口韻前無號 (3) 几作err (4) 其餘的聲母或聲母第一字雙寫	以音組的起首字母別之其韻與陰聲同. 陽聲音組的首字母是: j,w,m,n,q,l,r,v,ss,x, px,tx,kx,cx,sx,zx	聲母 f,s,h 雙寫為ff,ss,hh; ph,th,kh,ch,改作pp,tt,kk,cc; ts,sh.改為tz,hs. 但 j,l,m,n,ng,w,y均不改變.
""	加s於平聲字之後為上聲	ˇ 例如:"此" Coi	字前加a,或字後加r	其音曲彎故以曲字之首母q誌之	把主要元音雙寫	以韻內元音之最重音者雙疊別之	普通加r. 收ng音的改作rg. 收-i 音的改作e, 收-u 音的改作o, 但iu,ou作iou,oou.
""	加h於平聲字之後為去聲	ˋ 例如:"次" Coi	字前加u,或字後加h	其音落下故以落字之首母 l 誌之	i,u,u,ai,ei, ao, ou, iai, iao,iu, uai, uei,-n,. q, 改作 iy, uw,uy,ay,ey, aw, ow, iay, iaw, iw, uay, uey, -nn, -qq; 其餘的後加h.	以韻的尾沒字母別之, 末字除 n,q 重疊為 nn,qq 外, 都加h 為記號.	普通加h. 收n音的重寫作nn, 收ng音的改作gg. 收-i音的改作y. 收u音的改作w 但iu,ou作iow,ow.
平上去三虎作5 "一" (de) 虎)	基本形式	ˆ 例如:"測" Ce	字前加e或字後加d	其音短促故以短字之首母 d 誌之	無號	入聲音組與陰聲同, 後加(,)為記號, 此記號在複音詞中簡直可省.	入聲應發, 否則韻母照陰平拼, 若單字音後加, 複字音不加.
					偶爾輕讀聲調或賞聲偶爾變讀都不改拼法永久輕讀聲調如陰平無號	輕聲字寫如陰聲, 有時儘可從略, 只留其最響亮的輔音.	

附表

國語羅馬字	M. Ricci	N. Trigault	J. Edkins	T. F. Wade	C.W. Mateer	P. S. Couvreur	四川
a	a	a	a	a	a	a	a
o	o	o	o	o	oă	o	o
e	e	e	e,è	ê	ê	é	e
ai	ai(ay)	ai	ai	ai	ai	ai	ai
ei	—	—	ei	ei	ei	ei	ei
au	ao	ao	au	ao	ao	ao	ao
ou	eu	eu	eu	ou	ou	eou	eou
an	an	an	an	an	an	an	an
en	en	en	en	en	ên	en	en
ang	am	am	ang	ang	ang	ang	ang
eng	em	em	eng	eng	êng	eng	—
el	lh	ul	ri	êrh	êr	eul	—
y	ĕ,ú,ṷ	e;ú,ṷ	ĭ	ih,ŭ	i	e,eu	e
i	i(y)	i	i	i	i	i	i
ia	ia(ya)	ia	ia	ia	ia	ia	ia
io	io(yo)	io	ioh	io	ioă	io	io
ie	ie(ye)	ie	ieh	ieh	ie	ie	iè
iai	iai	iai	iai	—	—	iai	iai
iau	iao,eao	iao,eao	iau	iao	iao	iao	iao
iou	ieu	ieu	ieu	iu	iu	iou	ieou
ian	ien	ien	ien	ien	ien	ien	ien
in	in(yn)	in	in	in	in	in	in
iang	iam,eam	iam,eam	iang	iang	iang	iang	iang
ing	im(ym)	im	ing	ing	ing	ing	—
u	u	u	u	ʋ	u	ou	ou
ua	oa	ua,oa	wa	ua	wa	oua	oua
uo	uo,oo	uo	wo	uo	woă	ouo	ouo
—	oe	ue,oe	—	—	—	—	—
uai	uai	uai,oai	wai	uai	wai	ouai	ouai
uei	uei,oei,ui	uei,oei,ui	wei,ui	uei,ui	wei	ouei	ouei
uan	uan,uon	uan,oan,uon	wan	uan	wan	ouan	ouan
uen	uen	uen,oen,un	wen,un	un	un	ouen	ouen
uang	uam,oam	uam,oam	wang	uang	wang	ouang	ouan
ueng-ong	oem,um(om)	uem,um	weng,ung	ung	ung	oung	ong
iu	iu(yṷ)	iu	ü,iuh	ü	ü	iu	u,iu
iue	iue(yue)	iue	iüeh	üeh,üo	üe,uoă	iue	iue,ue
iuan	iuen(yuen)	iuen	iüen	üan	üen	iuen	iuen
iun	iun	iun	iün	ün	ün	iun	iun
iong	yum	ium	iung	iung	iung	ioung	iong

附註： （1）劉孟揚黃虛白兩式拚 i, u, ü, 三介音於聲母，故無結合韻母。

各式簡字與注音韻符比較表

屬系 簡家數 注音韻符	假名系				速記系				篆文系	草書系	象數系		音義系	其他	
	盧憨章	王照	勞乃宣	蔡璋	蔡錫勇	王炳耀	陳振先	章炳麟	烈弟雅	楊瓊	李文治	左質平	馬體乾	高鯤南
ㄧ	l			ㅁ	u	丶	一	丌	中				十	ノ
ㄨ	ノ			一	一	一	一	串	ㄷ			ㄩ	廾	∨
ㄩ	ㄇ			于	ー	ノ	∕	目	ㄑ		ㄱ		ナ	ㄴ
ㄚ	一	ㄱ		ㄱ	丶	ㅣ	↓	乙	ㅏ	ㄱ	ㄱ	ㄱ		ㄱ
ㄛ	ㄴ	く		八	八	ㄴ	∕	乙	ㅏ	ㄷ	ㄷ	ㅏ	ㅓ	コ
ㄜ		ㄴ		寸	c		↑			ㄷ	ㄷ	ㄱ	ᅥ	一
ㄝ		丶		ㄷ	c		↘	米	另	ㄱ	ᆮ		ㅏ	I
ㄞ	ㅗ	一		丷	●	∣	↙	⌒	∽の	ㄇ		ㄥ	ㅏ	⫯
ㄟ	ㄱ	フ		巳	•	∕	↙	⊙	マ	ㄇ		ㅋ	ㄱ	ㄷ
ㄠ	ㄱㄴ	ㅁ		ㄴ	ㄱ	く	↖	8	艺	ㄇ		ㄴ	ㄱ	ㅁ
ㄡ	ㄴ	ᄂ		ㅅ	∧	一	↗	半	艾	ㄱ		ㄴ	廾	ㄹ
ㄢ	∽	ᄂ		ㄷ	3	し	↘	日(日)	石	一(一)		ㄱ	ㄷ	ニ
ㄣ	ᄀ	ㅁ		ㄹ	ㅇ	ᄋ	↗		寸	ㄱ		ㄷ	ᅥ	ㄷ
ㄤ	ㄷ	ㄴ		ㅛ	∽	∫	∫	王	ㄱ了	一		ㄴ	ㄱ	ㅛ
ㄥ	ㄱ	ㄱ		ㄹ	∽	♪	↗	乙	ㄱ	一(凵)		ㄷ	ㅇ	ㄴ
ㄦ	ㄴ(凵)	儿		ニY	ヽ	ㄲ	↗			ㄏ		儿	ㅕ	
ㄧㄚ	ㅁ			Y	∨	⌒	↗		乞				♯	ㄷ
ㄧㄛ	ㄱ				レ				ᄅ				♯	ㄴ
ㄧㄝ	ハ				∪	フㄴ			⡄				♯	ㄱ
ㄧㄞ	ㄷ				∨		ㅜ		ᅥ					ㄴ
ㄧㄠ	×			×了	フ	ㄴ	ㄴ		ㅑ				♯	ㄷ
ㄧㄡ	乂			又フ	—	⌒	ㄴ		ㅎ				♯	ㄹ
ㄧㄢ	人			七	⋎	ㄱ	∽	辛	ㄹ				♯	ㄹ
ㄧㄣ	人			大	∿	ᄂ	∩	小(今)	さめ				♯	ㄷ
ㄧㄤ	ㅁ			日	ω	∫	↗	青	ㄱ				⨯	ㄷ
ㄧㄥ	」			ㅐ	ㅡ	∫	△	H	ㄷ				♯	ㄷ
ㄨㄚ	十				ワ	∫		ㅛ					♯	ㄹ
ㄨㄛ	ㄷ				∿	∫							♯	ㄹ
ㄨㄞ	ヽ				∿	∫			ㅁ				♯	ㄴ
ㄨㄟ	ㅕ				⌒	∫			す				⨯	ㄴ
ㄨㄢ	九	ニ			ㅇ	∫			ㅐ				ㄷ	ㄴ
ㄨㄣ	ㄱ			女	。	∩			さ				♯	ㄴ
ㄨㄤ	ㄱ				ㄷ	∫			ㅎ				♯	ㄷ
ㄨㄥ	ㄱㄱ			工	●	∫	∽	工	又ㄱ				♯	ㄴ
ㄩㄝ	ㄹ			月	ノ	⌒	∽		4				♯	ㄷ
ㄩㄢ	ヨ	二		元	ㅇ	s	∽		ㅑ				♯	ㄷ
ㄩㄣ				云	●	ノ	∩		ㅑ				♯	ㄴ
ㄩㄥ	ノ			千	。	ᄀ		の	귀				♯	ㄷ

（壹）假名系

（一）盧戇章（見前）

中國切音新字清光緒三十二年奏呈稿本，國語文獻館藏。

中國字母北京切音合訂清光緒三十二年，上海點石齋石印本。

中國字母北京切音教科書首集貳集同上

中國新字民國四年廈門閩南書局石印本。

中華新字國語通俗教科書民國五年廈門石印本。

中華新字漳泉語通俗教科書同上

自清光緒十八年盧氏刊行一目了然初階，其切音新法頗能風行閩南。後此六年其同鄉京官安溪林輅存遂以'字學繁難，請用切音以便學問'，呈請都察院代奏。奏中略謂：'創新法切音者，福建盧戇章之外，更有福建舉人力捷三，江蘇上海沈學，廣東香港王炳耀，已故前署漢海關道蔡錫勇，各有簡明字書刊行於世。……而尤以盧戇章苦心孤詣研究二十餘年；且其生長外洋，壯年回籍；故其所爲切音新字捷訣，深得中西音義之正'。因請'飭下各該省督撫，學政，傳令盧戇章等並其所著字書，咨送來京，由管學大臣選派精於字

注音符號之演進

　　注音符號公布於國語羅馬字之前，而簡字運動發軔於羅馬拼音之後。當明清之際方以智劉獻廷等已有提倡拼音之議，而其方法今皆不傳。其後龔自珍擬搜羅中國十八省方言及滿洲高麗蒙古喀爾喀等語纂爲今方言一書。嘗謂：'音有自南而北東西者，有自北而南而東西者，孫曾播遷，混混以成。苟有端倪可以尋究，雖謝神瞽，不敢不聽也。旁採字母翻切之旨，欲撮舉一言，可以一行省音貫十八省音；可以納十八省音於一省也❶'。此書雖未能成，而其統一國語之意見，已昭然可覩。自甲午戰役（一八九四）以後，國人受外患之激盪而欲改良漢字以促進教育者，於羅馬拼音派以外復有穩健派之簡字運動。計自清光緒二十一年（一八九五）以迄民國七年（一九一八）倡導此種運動者前後不下四十人，其所擬作約可別爲七系，茲各纂述要旨，著之於篇：

---

❶定盦文集擬上今方言表四部叢刊本卷下頁六至頁七。

學者數員，及編譯局詢問而考驗之，校其短長定為切音新字，進呈御覽，察奪頒行'。奏上卽於同年七月二十八日奉上諭：'著總理各國事務衙門調取盧戇章等所著之書，詳加考驗具奏'。旋以變亂頻仍，事遂中寢。其時盧氏以一目了然初階中所採之變象羅馬字，形體怪僻，不中不西，於新字推行，諸多窒礙。遂廢棄舊制，改用偏旁式之簡單筆畫，成中國切音新字一書。其書稱聲母為'聲音'，韻母為'字母'。總計'聲音'二十五，'字母'一百有二，各按京師閩粵方音之別；而有用捨多寡之分。其切音方法以'字母'爲經，居中粗寫；以聲音爲緯，各按字音之平上去入，細書於'字母'之上下左右；呼時先韻後聲，與十五音之例同。改訂旣竟，盧氏乃於三十一年（一九〇五）自廈門跋涉來京，恪遵七年前'上諭'將所著切音字書向學部呈繳聽候考驗，並請代奏。以學部外務部互相推諉，延宕數月。次年三月盧氏不耐久候，乃呈請外務部速咨學部考驗批示。復恐原呈字書，日久污損，又恭繕新書呈繳，換出舊書，以便進呈'御'覽。其時學部已以原書交譯學館文典處審定。審定結果以盧氏審音定位，搜討不爲不勤，用意不爲不至。然以泥今忘古，狃近昧遠，遂生種種之缺點。要其疏漏約有'聲母不完全'，'韻母無入聲'及'寫法乖謬'三端。自難用爲定本通行各省。於是外務部遂於三月十九日據學部覆文，劄交盧戇章遵照。盧氏經此打擊，乃改變方向，努力向社會宣傳。其年回至上海卽就進呈本略加增訂，印行中國新字北京切音合訂及北京切音教科書等。及民國二年（一九一三）盧氏被本省選派爲教育部讀音統一會會員，復以衰老之年，再度跋涉來京逐日出席，不辭辛苦。惟於會中議定之注音字母不以爲然。返廈以後，復將三十二年所定新字改訂修正，於民國四年印行中國新字一書，其形體始'由整個漢字揀出簡單筆畫以助記憶力'，而'字母'（卽韻母）居中大寫，'字音'（卽聲母）各按平上去入細書於'字母'之上下左右，則仍與舊制無殊。後民國五年所印之中華新字，亦以此式爲準，無大更易：蓋自光緒十八年以來盧氏所創之新字凡經三變矣。茲以其晚年定論，隸之假名系。

（二）王照

官話合聲字母 清光緒二十六年天津原刻本，二十七年日本印本。

重刊官話合聲字母序例及關係論說 清光緒二十九年北京裘
褡胡同官話字母義塾重刊本，三十二年北京拼音官話書報社翻刻本。

官話字母字彙 清光緒三十二年北京長老會編印。

照字小航，河北寧河人。官話合聲字母初稿成於清光緒二十六年庚子（一九〇〇），書中隱去姓名，自署蘆中窮士。其原序略云：'考得一切字音轉變皆在喉中，喉音為總，不可與脣齒舌腭幷列。凡反切之下一字皆宜用喉音。反切舊法，牽合支離，類例繁多，徒亂人意。五方元音所載天龍等韻母略得端緒，而不取喉音，不能自然吻合。若西文東文各字母亦皆喉音未備。於是創為喉音之字十餘。至反切之上一字必分為五十母，皆取支微魚虞等部中之字，以之合喉音，而以四聲轉變之，則凡一切字音自然皆備，前人見溪等三十六字母亦不適用。凡此字母與喉音字共若干，皆假借舊字減筆為偏旁，以便拼合'。蓋其'合聲'之法探自音韻闡微，而字母體製則摹倣日本假名。所謂'字母'（卽聲母）共爲五十（初稿祇四十九，後又增一'女'字）；所謂'喉音'（卽韻母）數祇十二（初稿有辶（迂）尸（烏）乙（衣）三字後删之）；所謂'四聲'則平分上下，入聲闕如，分調悉準京音，點聲略變舊例。至其所以聲多韻少者，則由王氏以介音（i）（u）（y）屬於聲母故也。此書成後，當時名宿天津嚴修，桐城吳汝綸等，皆極力爲之倡導；而管學大臣張百熙北洋大臣袁世凱等，或列入學堂正課，或廣設義塾傳習，拼譯書報，推行頗力。流風所被，遂自北京天津保定擴及河北全省，浸假而蔓延於東三省山東山西河南等處，識此字母者達數萬人。及勞乃宣增訂重訂兩譜繼出，遂更自北而南逐漸推行於長江流域矣。王氏後於民國二年任讀音統一會副會長，所提字母仍與舊制無異。

（三）勞乃宣

增訂合聲簡字譜一卷 清光緒三十一年作，江寧原刊本。卽簡字全譜中之寧音譜。

重訂合聲簡字譜一卷 清光緒三十一年作，江寧丙午原刊本。卽簡字全譜中之吳音譜。

簡字叢錄一卷清光緒三十二年輯，金陵原刊本。

簡字叢錄續編一卷清宣統三年排印本。

簡字全譜一卷清光緒三十三年作，金陵原刻本。

京音簡字述略一卷清光緒三十三年作，金陵原刊本。

以上合爲簡字譜錄五種。有光緒三十四年繕寫進呈本，及上海煙隱廬合訂本。

讀音簡字通譜一卷 民國六年作，北京刊本。

乃宣字季瑄，號玉初，自號矩齋，晚又號韌叟，浙江桐鄉人。清道光二十三年（一八四二）生於河北廣平。同治十年進士。歷任臨楡南皮完蠡吳橋清苑等縣事；光緒末總理南洋公學及浙江大學堂事；三十一年請兩江總督周馥奏設簡字學堂於金陵，任程一夔爲總理。三十四年，召見，擢京堂。宣統時，侍講筵，欽選資政院碩學通儒議員，簡江寧提學使，京師大學堂總監督，兼署學部副大臣。民國初退居淶水曲阜，著共和正解等書，主張復辟。民六復辟變起，簡法部尙書，辭；事敗，避居青島。卒於民國十年（一九二一），年七十九。子綱章健章。有韌叟自訂年譜。乃宣因王氏官話字母專以京音爲限，故雖風行於北方，猶未能推廣於南省。乃於清光緒三十一年（一九〇五）以官話字母原譜爲本增益六母三韻及一入聲符號，成增訂合聲簡字譜一卷（卽寧音譜），以賅括寧屬各府州縣及安徽一部分之語音。更就此譜增益七母三韻及一濁音符號，成重訂合聲簡字譜一卷（卽吳音譜），以賅括蘇屬及浙江一部分之語音。當時兩江總督周馥所設之簡字學堂卽以寧音譜爲課本，兩年之間畢業數百人，其聰穎者，口操京音與北京人無異。由此展轉傳授，江浙各屬通曉簡字者，遂日漸增多。及端方繼任兩江總督，復令江寧四十所初等學堂皆附設簡字一科。於是素不識字之婦女村氓，居然一旦能看報寫信，如盲瞽忽見青天，其成效之大，可以想見。勞氏合聲簡字之體製，雖祇就官話字母增益修訂，述而不作，然其推行辦法則與王氏稍有異同。蓋王氏主張直接以京音統一全國語言；勞氏主張‘先各習本地方音以期易解，次通習京音以期統一’。當時懷疑勞氏主張者頗不乏人，而勞氏自能持之有故。曾於致上海中外日報館書中略云：‘貴報述簡字學堂辦法一則，慮隨地增撰字母，愈遠於同文之治，謂宜強南以就北。……反復籌維，乃以隨地增撰通其變；而仍以有增無減統其同。……夫欲文字簡易，不能遽求語言之統一；欲語言之統一，則必先求文字之簡易：至賾、至磧，有不能一蹴幾者。……故必各處之人教以各處土音，然後易學易記。……迨土音簡易之字旣識之後，再進而學官音，其易有倍蓰於常者。……蓋明於母韻聲之條理，則易於貫通。今先以土音學簡字，於拼音之法，母韻聲之理，已了然於胸矣；而官話母韻聲之字與土音母韻聲之字無異也，所異者音耳。於本識之字，本明之法，而但變其音，有不渙然易解者哉？……今有增無減，將北音全譜包括於中，相通而不相悖，則不必強南以就北，自能引南以歸北矣'❶。本此主張，勞氏遂更於吳音譜之外增益二十母，二韻，定爲閩廣音譜。又於光緒三十三年本等韻之理，考諸方之音，上宗音韻闡微同文韻統合聲定切之法，廣徵古今南北聲韻遷流之故，訂爲簡字全譜一編；中

---

❶簡字叢錄頁二十七。

國各處方音皆包括於內，而仍以京音為主。蓋本其等韻一得所考之字母，韻攝，等呼清濁及戛透轢捺等，於閩廣音譜之外復增益三十三母，二十韻。 欲'使中國同文之域，諸方之音，舉括於內，乃足為推行全國之權輿❶'。及光緒三十四年遂以簡字全譜，京音簡字述略，增訂合聲簡字譜，重訂合聲簡字譜及簡字叢錄等合繕為簡字譜錄五種進呈清庭。奉旨交學部議奏。宣統元年又奏請於籌備立憲清單中所開簡易識字學塾內附設簡字一科，並令能識此簡字者，一體准為自治選民，摺上，仍交學部議奏。勞氏又兩次上書學部催請核議覆奏。其時學部中人多疑此種簡字有妨礙漢文分裂語言之弊，遂置之不議不答。於是勞氏與趙炳麟汪榮寶等發起簡字研究會於北京，從事於社會宣傳。適其友唐景崇掌學部，勞氏復於宣統二年致函唐氏催請覆奏，亦無結果。是年資政院成立，議員江謙著小學教育改良芻議一文，開宗明義即謂'初等小學前三年，非主用合聲簡字則教育斷無普及之望'。後又與方

---

❶簡字全譜序。

還籍忠寅等質問學部分年籌辦國語教育說帖中有云：'文字之用主音者簡易，主形者繁難，形攝萬有，造字數萬，猶有未盡之形；音出口舌，造母數十，已盡發音之蘊。且課本既爲語體，則與文殊；用音字拼合，則唇吻畢肖。若仍用形字則各省讀之仍爲方音：雖有齊傅，不敵衆咻！方法既乖，效力全失。不知學部編訂此項課本時，是否主用合聲字拼合國語，以收統一之效？或用形字而旁注合聲字，以爲範音之助？抑全不用音字，仍抄襲近時白話報體例，效力有無，置之不顧'？此次質問連署者達三十二人，而院外響應之者，亦有江寧程先甲，直隸韓德昭，四川劉照藜，京師韓印符慶福諸人。於是院中推舉嚴復爲特任股員長審查此種說帖。審查結果，主張'簡字正名爲音標，由學部審擇修訂，奏請欽定頒行'。音標之用法有二：'一，拼合國語，以開中流以下三萬九千萬不識字者之民智，而合蒙藏回二千萬里異語民族之感情；二，以範正漢字讀音，學校課本每課生字亦須旁注音標'，'請議長會同學部具奏，請旨飭下迅速籌備施行'。嚴氏於宣統二年十二月初十日提出審查報告於大會，經多數贊成通過，而學部仍未會奏。及宣統三年學部乃召集中央教育會於北京。交議各案中有國語音韻釋例案。後會員王劭廉等復提議統一國語辦法案於閏六月十六日第十六次會議可決通過。未幾武昌起義，國體改變，凡百更新，此議決案亦不能繼續有效。然勞氏之合聲簡字，雖未經公家頒布實行，而由其引起之影響，在在均足以促進注音字母之誕生，於簡字運動中，殆爲最有力者也。及民國二年教育部召集讀音統一會，吳稚暉約勞氏與會，辭不赴，而陳其所見。主張'母用京音簡字之十九母，而加以疑微爲二十一母；韻用京音簡字之十二喉音，而加以支微齊魚虞爲十六攝；聲用京音簡字之四聲，而加以入聲爲五聲；符號用漢字省筆；拼法用一母一韻兩拼而左右橫列：具讀音統一意見書一通，以備採擇。後讀音統一會所定之譜雖符號用獨體漢字之筆畫本少者，拼法用一母一介音一韻三拼而上下直列，與勞氏意見不無小異，然母韻聲之本質，則勞氏所陳，不啻全經採擇。故勞氏以爲'部定之譜，雖未愜心貴當，而略加參酌，卽足以變通盡利'。因作讀音簡字通譜一卷以便學者。其始終不懈，舍己從人，均有足多者矣。

（四）李元勳代聲術 清光緒三十年稿本，董彥堂先生藏。元勳字午樵，河南人。民國二年讀音統一會會員。此稿前有光緒甲辰著者在信陽州署所爲自序。大意謂此術取則於數學以元代數之意，故名元法代聲，意在改良韻學，而非改良文字。就世所傳之擊鼓傳書法摘取其音，易爲識別代聲之號。'豎綴一十二，橫排二十一，兩號相遇，一音斯成，湊合天然，忘卻人力。而且有小轉以利其用，誌特別以濟其窮。無意不能寫，無音不能繪，較向之僅以傳聲爲戲者，其有用無用相去不可以道里計矣'。其'識別'之號凡四十五：所謂'音之總綱有四'以表四呼；'音之小轉有四'以表五聲；'音之特別有五'以表'尖巧低亞''半發''鼻發''聯珠'等音；'音之旁通一十二'以表韻母；'音之定位二十一'以表聲母。符號形體則大致均與漢字偏旁爲近，故屬之假名系。惟原稿無拼成之漢字例，致符號所代音素，難以確定耳。

　　（五）黃虛白漢文音和簡易識字法 清宣統元年稿本。董彥堂先生藏。

虛白別有拉丁文臆解已於前章論之。此書卷首略例云'本韻特據五方元音略加參正而成。惟元音主用等韻，是篇主用音和，故所取前音字母略有更動'。'前音字母本只二十二個，因元音有開口上．開口下，合口上，合口下之四等讀韻法，本韻則用阿衣烏宇四字以代開合四等，卽以此四字爲前音二十字母之後音，以之拼合，共得有聲合用之前音字母五十八字'。'後音韻綱本係援照元音天人龍羊牛敖虎駝蛇馬豺地十二韻。惟虎部地部均係雙後音，此外另有'厄'字從額衣切，亦係地部後音；'而'字係寫土語之後音；共有後音韻綱十六字。至加用一'謳'字但加於字前，只以讀謳字之口法以讀各字'。前後音合計共爲七十五字，實則加用之'謳'字本以表影母，不得廁諸後音也。其字母體製，'前音字母則用減筆同音字，如無減筆字則用其邊傍，或草體之邊傍。後音字母除'吾，宇，厄，而，謳'之外，

注音符號之演進

全用邊傍。其前音'阿'字與後音'俄'字，係各占一部分，故分之為二；其'吾，字，衣'三字本部僅半部分之一，或有不足（？），故雖後音仍用前字。其'厄，而，摳'三字或用本體，或用拼字，亦各具意義'。至於五聲標識則用數碼１ⅠⅡⅢＸㄚ或１２３４５以別之。今按此書字母體製及以介音屬於聲母兩點均與官話字母為近，殆受王照勞乃宣之影響而略加改變且間參以草書者也。

（六）蔡璋音標簡字 民國二年讀音統一會油印本。

璋字子英，福建龍溪人。嘗承其先人蔡錫勇傳音快字之業，著中國速記學一卷，自前清資政院成立以來卽歷主立法機關速記事。民國二年任讀音統一會會員。所著音標簡字共有二十二聲，三十韻，聲母形體採用簡單漢字或偏旁，韻母則略參加自造符號，拼法左右並列，除合口呼用'中藏烏字法'外，皆係二拼。標調準圈聲例加點於字之四隅，陰平則點帶微剔。蓋就中國速記學所定之音素而改易其形體者也。互見速記系。

（七）汪榮寶式簡字 民國二年讀音統一會油印本

榮寶字袞甫，江蘇吳縣人。於民國二年任讀音統一會會員時，有關於簡字之提案。聲母以守溫三十六字母為準。韻母以影母開口呼一行為基本韻，以影母齊齒合口撮口三呼結合之；次以疑泥明三母結合之，以括ng,n,m等鼻聲之字；又次以見端幫三母結合之，以括收聲k, t, p等之入聲字。汪氏精於音韻訓詁之學，故所定音素頗能合於等韻舊譜，特與官音稍遠耳。其簡字體製亦就漢字偏旁略加損益而成。

（八）汪怡國語音標概說 民國二年讀音統一會油印本

怡字怡安，浙江杭縣人。於民二任國音統一會會員時，曾有關於簡字之提案，後於民國四年訂為國語音標概說一卷。自跋云：'以十餘年來奔走各地所得之音而上考諸吾國等韻諸書，旁參以他國發音之學，折衷而定，以冀略有所徵。至所定符號則酌採同音漢字，或音略相近之字之偏旁而為之，庶習之者記憶稍易，書寫較便'。今案汪氏所定音標，凡有基本父音二十三，結合父音十一，母音二十三。濁音則照日文例於清音右上角加二小點為誌。其拼法雖皆二合，而以齊齒介音拼於父音，以合口介音拼於母音，已屬自亂其例，至撮口介音竟付闕如，按諸音理尤爲疏漏矣！

（九）日本伊澤修二支那語正音發微 日本大正四年（卽中華民國四年）東京秀英舍排印本。

伊澤氏自序云：'曩者英人威德著自邇集用羅馬字以識發音；我鄭永寧氏則用片假名。夫羅馬字片假名並非支那所行，今乃假借附會勢不免隔靴焉（？）。近時士人王照省漢字畫新製文字，以此爲音標，執柯伐柯無牽合之病。然以音韻之理法推之，支吾扞格，有所不通，未可以爲準也。余以明治二十七年著日清字音鑑多襲威鄭二子之法，旣而稽諸學理，驗諸實用，然後漸悟其失。爾來沈潛反覆二十餘年，參互衆說，權量得失，原之以我所宗旨之視話法，繹之以世界共通之記音法，於是支那音韻之原理一旦釋然，有所發明矣。新作法式以識支那音，苟用此法式，則僅僅四百字可以表數萬漢字，發音自在，左右逢源，支那語不復憂難能也'。其書凡有'母韻及韻尾'三十，'子音'五十五，以'衣，烏，迂'三介音拼入子音與官話字母同，形體亦大致相近，惟分 hu 音爲脣音'𠂆'與喉音'戶'殆囿於日本方音而然；至以(一)(／)(＜)(＼)爲上平，下平，上，去之號，則與王氏點聲之例異矣。

（貳）速記系

（一）蔡錫勇傳音快字 <u>清光緒三十一年湖北官書局重刊本。首有光緒二十二年自序及同年花縣湯金銘跋。</u>

錫勇字毅若，福建龍溪人。幼肄業同文館，熟諳西國語言文字。弱冠後，隨陳荔秋副憲出使美日祕三國任參贊。歸，署漢海關道，卒於光緒二十四年以前。當其駐華盛頓時，始知彼邦紀錄議會辯論，法庭詞訟，別有快字一種，行之已久。喜其簡捷迅速，爲用甚宏，且感於中國文字繁難，文盲充斥，因本美人凌士禮氏(Lindsley)速記術而參以己意，合以官音，變通增減，以適於用。纂爲傳音快字一卷。其法'以八方面弧及斜正輕重筆分爲二十四聲，以小弧小畫小點分爲三十二韻，合聲韻以切一音，卽合兩筆以成一字。變而通之，更有以一筆爲一字者。以授兒輩，數日悉能通曉，卽以此法傳信往來，幼子八齡亦能以言自達。以此推之，欲習此者，不過旬月之功。貫通之後，以其餘力暇日習諸要務。推之古人之謨訓，當代之典章，異邦之制作，皆可以切音演為常語，而理可兼通。若夫觸類引申，一筆連書，可代數字，則神而明之，存乎其人矣'。是蔡君作書本旨，非專為造就速記人材，實已燭見漢字改革之必要：其篳路襤褸之功，良不可沒也！傳音快字之三十二韻，已將齊撮兩類結合韻母包含在內，故拼法用二合。惟合口一類尚有括之未盡者，於是乃別立'中藏烏字法'十四種，'置韻於聲之中間，以為識別'。至其標調方法則以書寫之部位而定。'寫法須用直行格紙，順格線書之。偏左而近者為平聲；偏左略遠者為上聲；偏右而近者為去聲；偏右略遠者為入聲。上平則聲與韻連書；下平則聲與韻分筆'。與古法加圈於字之四隅迥異矣。此書成後，初祇為蔡氏家族通信代言之用。及清末資政院將次成立，需用速記人材。清庭初欲採用日人熊崎健一郎所著之中國速記術，並擬聘熊氏來華擔任教授，以故未果。會蔡君之子璋以傳音快字在譯學館中紀錄講演，為當局所知，即欲聘璋擔任教授，璋以校課未畢轉薦其兄璋。於是蔡璋紹述家學，刪去釀曉二聲，並參考日人熊崎健一郎及美人畢德曼(Pitman)等著作增加簡單符號及連書法成中國速記學一卷。十餘年來授徒二千餘人，其優秀者於立法，司法，新聞各界皆有昭著之成績。近年以來，創製新式速記者，實繁有徒，間有一二，亦能後出轉精，然推論中國速記術之淵源者，必以蔡式為開山矣。

（二）力捷三

閩腔快字一卷 清光緒二十二年武昌刊本：但卷首錄光緒二十四年
　　林輅存呈奏及上諭，當係補入。

無師自通切音官話字書二卷 清光緒二十八年益智社刊本；姪
　　力銘及門人李夢梯周受謙校。

捷三字子薇，福建永泰人。光緒甲午舉人，工隸八分。所作閩腔快字據福州舊傳戚林八音之音素，採蔡錫勇傳音快字之體製，'取八方弧矢之式參以威參軍一十五字母為聲，每聲一筆，無可再簡；又以繩尺圈點橫斜曲直分為三十三韻：一聲一韻，兩筆相配，切成一音'。

至於'平仄八聲傳聲字寫法多同，而讀法各異。古法加圈於字之四隅，以辨平上去入。然加一圈卽多一筆。欲省此筆使上下平仄不至相混者，寫法須用格眼紙分中左右上下凡六向，以十五聲粗畫爲首筆，以三十三韻細畫爲從筆。認明首筆方位，如偏左而上者爲上聲，偏左而略下者上平聲，正中而上者爲上去聲，正中略下者爲上入聲，偏右而上者爲下去聲，偏右略下者爲下入聲，除上聲同音外祇餘下平一聲無位，仍照古法圈位加點辨音'。繼又恐'舟車奔走，倉卒之際，格紙未便，寫法將窮，不得不仍照古法圈位，上平仄四音四隅加點，下平仄四音亦加點半刁意'。雖云'異曲同工'，實則猶豫不定。觀其於凡例補遺中又將下平聲加點改爲'兩筆交互而書'，則知力氏於標調之法始終未能自信也。其後六年力氏復作無師自通切音官話書定二十三音，三十二韻，以合官音，其體製則就閩腔快字稍加修改而已。

（三）沈學

盛世元音原著爲英文，節譯成漢文，曾登光緒二十二年八月申報；

時務報亦於是年十二月起登其全文。

拼音新字清光緒二十五年上海石印本。

沈學字曲莊，江蘇吳縣人。通英文，究名理，年十九而著書，五年而書成，名曰盛世元音。全書共爲七篇：'體用第一，講音韻來源；字譜第二，論古今字樣；性理第三，辨文字義理；文學第四，別文法運用；反切第五，內附字母表及反切表；書法第六，附啞瞽寫讀法等；末篇欲以文字爲機心，可以格物，而稿未定'。原書爲英文，名 'Universal System' 故亦譯爲 '天下公字'，其譯成漢文者尚不及原書之半。曾於光緒二十二年八月份申報及十二月份時務報先後刊布之，梁啓超並爲之序。沈氏嘗登報徵求同志，謂所粈新字，八小時盡人能悟。且於每星期日在上海一林春茶樓挾技以待來者而授焉。惟譯筆未盡通達，且所附圖表，概從省略，未經口授者，不易盡解其術。及光緒二十四年林輅存奏請改用切音以便學問，並表章其書，沈氏乃於光緒二十五年將全書石印，益以圖表，改名拼音新字。其論音素云：'原音十八者，由脣舌腭喉齒牙之淺深廣狹而生。一原化六：高低長短重輕，由聲帶之緊緩多少大小而生。一譜分五音：正，副，吸，偏，餘，是也'。所謂'原音'指基本韻母言，亦謂'正韻'；'化音'高低長短輕重指平上去入言；'正音'包括六十二'正韻'及四十一'正聲'；'副音'包括齊撮韻母及合口聲母：'偏音'指附 r 音之彈舌聲韻；'餘音'指語調高，長，尖，粗，沈氏自謂卽'泰西樂目之 Alto, Tenor, Soprans, Bass 四類'。至所謂'吸音'者，沈氏云：'吸入成音也。與尋常呼出成音者相反。斐洲人有以吸音作語言者。至其餘各地雖無語言之用，其出言吐語之際，固不乏吸音耳。新字列吸音表以補各字所不及，得吸音字母十，吸音反切八十'。蓋指"Click"言耳。新字寫法以十八筆六弦兼十二弓左右折半，畫點圈踢，變化以成字。本音用直弦，左弓，右弓，橫弦，上弓，下弓，左側弦，左側弓，右側弓，右側弦，上側弓，下側弓，左偏弦，左偏弓，右偏弓，右偏弦，上偏弓，下偏弓：共計十八畫。化音偏音吸音加點於左右上下，附音餘音加半圈於上下，或左行長三分之一，右行短三分之一'。聲韻所用之符號同，惟以筆畫大小別之。又於音篇之外，別撰意篇，欲仿西文加字首（Prefix）字尾（Suffix）之例'旣以某畫定某音，復以某畫定某意，使天下無同音異義，同義異音之字'。其'書法較原音長大一倍。辨別文理，則活字踢左或上，虛字踢右或下，實字無踢'。雖草立綱目，未竟全功，而後此音義派之簡字固當以沈氏爲濫觴也。今綜覽兩書，衡其得失，竊謂沈氏略通語音學，且富於剏造之特性，惟自撰名詞，標奇立異，而思想文字俱不甚淸晰通達，如非親得沈氏之傳，恐非'八小時盡人能悟'者也。其所定聲韻偏於吳音，不能與國音勘究，故不入之比較表中。沈氏對其所剏之新字，熱心提倡，企望推行，而終不得售，後竟流爲丐卒！其遇亦良可憫矣！

（四）王炳耀拼音字譜 清光緒二十三年初刊本，光緒二十七年重刊本。廣州雙門底聖教書樓藏板。初刊本有光緒二十二年自序及弟炳堃序，二十三年嘉應溫灝序及英文序；重刊本增八國賴鴻逵序，刪英文序。

炳耀字煜初，廣東東莞人，寵惠之父也。卷首有光緒二十二年初稿自序，及弟炳堃序。則其成書當與傳音快字等同時。自謂'此拼音新字本人天然內有之聲與音，切合成字，以一畫開天爲音母，或豎之，橫之，斜之，折之，或拼合變化之，成韻母字；運一成象而爲太極，或直判，橫判，十字判，因體變化之，爲快筆聲母字。合聲母韻母作體成字，且以聲韻統十八省之言語，字畫簡，言語該，便如何耶？粵東音韻母字五十四，他省加減之，減外而加者，北音二十字，福潮與客音各十字，十八省言語約之爲九十四韻母字，三十聲母字，共一百二十四字，中國土音幾可盡拼矣。粵東音韻母與聲母共七十六字，人雖至愚，不難學也'。所擬符號，亦以弧矢辨音，與蔡錫勇傳音快字爲近。別有楷體，略似假名，但非刪減漢字筆畫爲之。至其標調之法，粵音則以二十二聲母之本音爲上平，上入，起筆變形爲下平，下入，中入，上上，下上，上去，下去。'每字變五形，認形而讀，聲隨形變，共認一百一十字。北音每字變三形，更易習矣'。惟其別類分義諸式，前後主張，頗有變更，且觀點糅雜，體製繁複；

蓋昧於拼音文字之原理遂不免貽蛇足之譏矣！前後二本，略有異同，茲以重刊爲準。

（五）劉世恩音韻記號 清宣統元年己酉刻本，橫行，前有賀培桐序。

其書凡有'父音'二十五，'母韻'二十一，'拼媒'三，除'絲''時''辭''齒'外，父音母韻，記號幷同。'形雖萬殊，不離角圓；線雖各異，不外曲直'。惟標調之法，與各家特異。劉氏自謂：'父音在內母韻在外構形者，爲平聲；父音在上母韻在下構形者，爲上聲；父音在左母韻在右構形者，爲去聲；其上下配合，而拼媒附於母韻者，爲下平聲；其左右配合，而拼媒附於母韻者，爲入聲。故雖父音母韻同一記號，平上去入不加點畫，自能判別明晰，無混目之弊：殆皆適合吾國音韻之記號也'。其體製雖與蔡力沈王諸式稍異，而所定記號不外乎圓角曲直，故亦附之速記系。

（六）李良材簡易記音法 民國二年讀音統一會油印本。良材字桐軒，陝西蒲城人。民國二年任讀音統一會會員。所擬聲母符號，象口勢爲之，數祇十四，益以表

注音符號之演進

'正'〔○〕（即不送氣聲），'動'〔ノ〕（即送氣聲），'靜'〔·〕（即鼻聲）之三種符號，乃得代表所有聲母。韻母符號凡十有三，以東，西，南，北，上，下，左，右，枝，葉，根，荄，苞等名之，列爲方位表以助記憶。至於辨別等呼，則以粗畫韻母爲合口，細畫韻母爲開口；標註聲調，則以聲附於韻之左下爲平，左上爲上，右上爲去，右下爲入，與盧戇章法頗爲相近；其提案要點，大略如此，未知李氏別有專書否也。

（七）胡雨人式簡字 民國二年讀音統一會油印本。

雨人江蘇無錫人。民國二年任讀音統一會會員。其所擬音素，凡正母四十，副母五十六，正韻二十一，副韻六。聲母符號以⌒﹚兩形加點畫爲之，韻母則由一丨ノ丶諸筆錯綜變化而成。體製亦與速記系爲近，惟囿於吳音，音系與國語較遠耳。

（八）陳振先陳氏天然拼音新字 民國二年初稿，民國十年石印本。

振先廣東新會人。民國元年任農林總長。原書說明云：'本新字用發音母，元音母，收音母三種字母聯貫成字。每字皆從橫線起筆，筆筆首尾啣接，一氣呵成。
每字下部為拼音，上部為注聲，注聲符號筆畫寫法，
由左而右，各字排列次序亦然'。又云：'本新字通用
字母凡三十，每字母皆一筆。其中發音母居二十有二，
以粗細兩種弧線為之。元音母凡八，以直畫為之。收
音母凡六，如發音母中乁⌒⌒乀乚丿六字而略小。注
聲母凡三，如元音母中之豎斜橫三種筆畫而略小。因
後二種筆畫已包括於前二種字母之內，故其數不逾三
十。合北音特用之日字母ｒ，與京音茲雌絲知癡師日
等韻所用之符號（用於弧線之內彎）及而韻所用之韻
母く，都為三十有三'。以此三十三母互相拼合，可以
賅括一切京音粤音。其分音素為發音，元音，收音三
類；及分析各處聲調為數種單純聲級，而以最簡單之
符號代表之；皆能獨具心裁，不落諸家恆蹊。末附平
音粤音比較，及平粤對照千字文，亦足為研究方音者
之助。惟其所用符號以筆勢順逆辨別音素，按諸實用
之經驗殊感困難也。

（九）唐穗田識字新法 民國五年廣州雙門底啓智書局石

印本。

穗田廣東番禺人。自謂此新字係仿泰西串字譯音之法刪繁就簡改造而成。字母分'首音''尾音'兩種，首音凡二十二，尾音凡三十六，首尾相合以成一字。音素以粵音為准，首音中噴氣與不噴氣之異，則以重輕筆別之；尾音中有入聲十八母，則用重寫幷變鉤為圈法。聲調標識，均以一點為別。'一音免點，二音點左上位，三音點右上位，四音點中位，五音點左下位，六音點右下位，上入聲點上位，中入聲免點，下入聲點下位，均在尾音字旁點'。其符號形體則與速記系為近。

民國七年以來，汪怡何謙劉學濬林子峯張才楊炳勛趙雅庭張邦永等相繼有速記術之創造，以其並在注音字母公布之後，故不備錄。

（叄）篆文系

（一）吳敬恆'豆芽字母' 清光緒二十一年初稿，民國二年讀音統一會油印本。

敬恆字稚暉，江蘇武進人，寄居無錫。民國二年任讀音統一會會長。其近作三十五年來之音符運動有云：'我於乙未年在蘇州吳縣教官衙門裏，當西席老夫子，依了康熙字典的等韻，做成一副豆芽字母。我的豆芽字母做成的動機，無非與以前教會洋人把歐母借用的，如王炳耀等用簡筆或偏旁造成的，與後來沈學之十八筆，及王照之官話字母等，皆注重簡字'。原稿今已不傳，其後吳氏在讀音統一會中所擬之符號體勢略與篆文爲近，惟或用獨體漢字或用自創簡筆，尚未能一律，未知卽所謂'豆芽字母'否也。

（二，章炳麟駁中國改用萬國新語說中之'紐文'及'韻文' 國粹學報第四十一期及第四十二期；又章氏叢書太炎別錄二。

炳麟字太炎，浙江餘杭人。清季留法學生主辦之新世紀中有主張中國改用萬國新語（Esperanto）者，章氏著論駁之，而主張人人兼知章草，以便速於疏寫；略知小篆，以便易於察識；更改訂反切之紐文韻文，以得字之正音。其所定之紐文（卽聲母）韻文（卽韻母）雖由當時之簡字潮流激盪而成，然於各家所造之簡字，則並致不滿。略謂：'世人不能以反語得音者，以用爲反語之字非有素定；尚不能知反語之定音，何由知反語所切者之定音哉？若專用見溪以下三十六字，東鍾以下二百六字為反語，但得二百四十二字之音，則餘音自可覩矣。然此可為成人長者言之；以教兒童，猶苦繁尤。又況今音作韻，非有二百六部之多，其字自當幷省。欲使兒童視而能了，非以反語注記字旁，無由明瞭。而見溪諸文形體茂密，復不便於旁註。於是有自矜通悟者，作為一點一畫，縱橫回復，以標識字音；先後作者，蓋四五輩矣。然皆不可施用。是何故？今人發語之音，上紐下韻，經緯相交，除去四等四聲可以規圈識別，其本母必不損五六十字。而今之作者，旣於韻學芒無所了，又復自守鄉土，不遍方音。其所創造，少者財十餘字，多乃不逾三十，以此相切，聲之闕者方多，曾何足以襲用歟？又其惑者，乃謂本字可廢，惟以切音成文，斯則同音異訓者，又無以為別也。……余謂切音之用，祇在箋識字端，令本音畫然可曉，非廢本字而以切音代之。紐韻旣繁，徒以點畫波磔粗細為分，其形將匱；況其體勢折旋，略同今隸易於羼入正文，誠亦有不適者。故嘗定紐文爲三十六，韻文爲二十二，皆取古文篆籀徑省之形，以代舊譜，旣有典則，異於鄕壁虛造所爲，庶幾足以行遠'。其衡論各家，未免囿於成見，任情是非。惟紐文韻文之體製，'皆取古文篆籀徑省之形'；其功用'祇在箋識字端，令本音晝然可曉'：皆爲後此注音字母所宗，在簡字運動中自當居重要地位也。

（肆）草書系

　　（一）美國烈茀雅 (Rev. Alfred E. Street)

海南土音字母一九一九年（民國八年）九月在紐約印行（英文）。

平民廣話字母一九二一年（民國十年）五月稿本。

平民官話字母一九二一年六月稿本

烈茀雅爲旅居廣東瓊州之美國傳敎師。自一八九五（光緒二十一年）以迄一九一五年（民國四年）曾兩次擬以速記式字母標註南海方言，結果均經失敗。此後遂改從中國之習慣，音素以'聲母'(Initials)'韻母'(Finals)爲單位，字形準草書之結體，試驗兩年，復經在美國哥倫比亞大學留學之張某 (Mr. S. Y. Chang) 加以修訂，乃於一九一九年印行海南土音字母一冊。所用符號計'韻音'(韻母)四十六，'首字'(聲母)十五，共爲六十有一，七音之辨則以數碼 Ⅰ Ⅱ Ⅲ Ⅹ ଧ ⊥ ⊤ 別之。及民國十年又增減斯製，成廣話官話兩種字母。廣話字母凡'韻音'五十一，'首字'二十二，音號十一；官話字母凡'韻音'三十五，'首字'十八，音號五：體勢均與海南字母相同，在國內各家中，尚不多見也。以其經始於注音字母公布以前，且可自成一系，故特著於篇。

（伍）象數系

（一）楊瓊李文治合著形聲通 清光緒三十一年日本東京並木活版排印本

瓊字綱樓，文治字南彬，皆雲南大理人。卷首有光緒三十年文治自序云：'余與楊君綱樓二十年前以學相切劘，慨形聲之不明，卽導蒙之無術，分業而治，庶得指歸。楊君以山居日久，於六藝多所殫究，而許氏之書幽探冥索，直窺古人精意。余則自慙固滯，兼以四方奔走，未暇他爲。然於音韻一道，篤嗜成癖。口之所謂，神輿之遇，心目之間，若有法象，自謂所得，殆有條理。其中甘苦，不敢告人。忽忽已三十餘年矣。乙巳同遊日本。暑假中，商量舊學。楊君慨然曰：吾人平日爲學，至近衰之年，而無所裨益於人，與不能取證於人，自負孰甚焉。子曷出子所心得以公諸世。余曰：僕之念此久矣。雖然余之所爲與當世之所希者，恆齟齬而不合，然苟以子平日六書之旨，別製形體，俾吾所得之音韻，有所依托以爲識別，當此新學大興，學界中致多高明特識之士，必有能糾正吾說而採用之者。然則欲裨益於人，與取證於人，皆子之責也。楊君亦以爲然。乃共商體例，合而爲之。書成，已歷星期有七'。其著書緣起，具詳於此。自謂'此書以二十四字爲音父，以二十字爲音母，以開齊合撮爲四矩，以長短徐促爲四繩，以宮商角徵羽爲五規，以升沈上去爲四準'。至於'文之爲形，不外乎陰陽：一生二，而陰陽具；二生四，而萬物畢。一者何？於文爲、，由、衡引之爲一，由、從引之爲｜，由、而右戾之爲／所謂生二也。合、一｜／則爲四物，從衡以間之，象數以紀之，凡得陽形二十有四，陰形二十，於是陽以經之，陰以緯之，得四百八十，乘之以四物，得一千九百二十，再四乘之，共得七千六百八十而形具矣'，（節錄原書卷四卷五各章大義）其審音製字，未嘗不別具匠心。然意在通俗，而文涉玄虛，殆不免南轅而北轍歟？

（二）區學泉識字捷徑 民國二年石印本。

此書凡分三卷，上卷為'註音國語分類話頭雜話談法捷徑'，中卷為'識字捷徑增官音問字知音字彙'，下卷為'識字捷徑增藏音字問音得字分韻撮要註解'。卷首有廣西黃鳳賓序，略云：'區君學泉亦著作中人也。年十三，舍學經商，分親甘苦。迨弱冠迴溯誦讀，雖日親師友，亦旋得旋亡。區君有鑒於此，輒從商務餘暇殫其才力心思詳加研究。於茲八載，甫輯成識字捷徑，純用數音之法。字增藏音，聊備前哲之不足，可謂深得要旨'。其法凡立音母（即聲母）二十，韻母四十，聲母（即聲調）八，皆以數碼依次標註，三合而後成字。蓋學泉本為商人，習於持籌握算，故創為此法。

其後雖增加所謂'藏音'之'快字'及'歐字'，然並以參照數碼，非其本旨也。

(三) 英國慕維廉式簡字

慕維廉所擬音字亦以數目次序代表音素，惟原書今尚未見，僅於劉繼善新華字附錄中載有其目。

(陸) 音義系

以拼音改良漢字而兼存義標者，於羅馬字中則有劉繼善之新華字，及留義中國學生會所擬；於簡字中，則有沈學之拼音新字，王炳耀之拼音字譜，及河北胡朝鎬，浙江趙融蘭等所擬，其與他系有關者，已分別互見，惟留義中國學生及胡朝鎬趙融蘭僅見於劉繼善新華字附錄，未窺原書，無從判其是非。今所錄者，惟得左贊平言文音母一種，述之如下：

(一) 左贊平言文音母一覽表及普通字彙拼音表

民國六年稿本，國語文獻館藏。

左氏對於讀音統一會所擬之注音字母不表贊同，尤於三拼之法，深致不滿。嘗謂'將三音與兩音拼合之比較，從各方面觀察而策其利害，終覺兩音較勝於三音'。

注音符號之演進

故其所定'轉音'三十六．括有(i))u)(y)三介音，惟(u)音特少，而'主音'十三，有(∂u)，無(∂ŋ)，亦不免為方音所囿耳。所定符號形體與漢字相近，而不本於漢字，於正體外，復有行草二體。其調音符號，則基音（上平）無號，承音（下平）用‧，變音（上聲）用‥，極音（去入）用〜，共為四種。至於左氏對於改革漢字之意見，以為'（一）減少筆畫，如齒作凵；（二）增加偏旁以免一字數音之弊；（三）字形學書籍宜以專名分類'。故其所擬名詞部類，凡有天文，地理，人倫，物動，水族，植物，肢體，文事，武備，食品，服飾，疾病，時令，方位，器具，農具，樂器，車船，金石，數量，色素等二十一部。分辨字義卽以此為綱領云。

（柒）其他——凡不屬於前六系者均述於此。

　　（一）馬體乾串音字標清光緒三十四年稿本，民國二年改訂稿本。

最新韻府字標字標教育社石印本。

體乾字子良，河北三河人。民國二年任讀音統一會會員。其所擬字樣凡有母音十二，韻音五，副韻音四，聲符二，複韻二十二，字形介於簡單之文字與圖畫間，黎錦熙謂形似滿蒙文　實不盡然。惟余所見者祇讀音統一會油印本，僅列音素，未加說明，不足以見其全豹也。

（二）鄭鐸靈簡易新字民國元年廣東麗敏公司排印本。鐸靈廣東香山人。原書客問云：'著者最初所著之字卽本漢字筆畫而成，但筆畫架疊過繁，不得不捨之而就世界各國文字叢中研究一最簡捷之法也'。是其於簡易新字前尚有一種'本漢字筆畫而成'之字母，後嫌其繁重乃改此式。其字母分父音十七，變則父音二十（圍脣音十七，齒縫音三）；母音九，從母音六，雙音十一，化音五十四：共一百一十七。其聲調辨別則於第一字母加小橫，如ㄱㅋㅋㄱ（ㄚㅇ啞亞）。黎錦熙謂：其'形似樂譜音符'，頗爲近似。

（三）王崔普通簡易字母民國二年讀音統一會油印本。崔字雲軒，江蘇無錫人。民國二年任讀音統一會會員。所定音素，韻母凡十有四，聲母則就三十六字母而刪

注音符號之演進

併知澈澄娘微匣日七紐。微曉邪日,併為二音,齊齒撮口混而不辨,皆不免為吳音所囿。至其符號體製,分大小兩楷,大楷皆作方形,小楷近於速記,然與第一二兩系並不相類也。

（四）高鯤南記音簡法 民國二年讀音統一會油印本。

鯤南江西人。民國二年任讀音統一會會員。其所訂音素凡有'父聲二十,母韻十二,介音三。以父拼母為開口呼,以衣介之變齊齒呼,以烏介之變合口呼,以迂介之為撮吻呼。點左下角為陽平聲,點左上角為上聲,點右上角為去聲,點右下角為入聲,上去入若分陰陽皆作雙點以別之。其陰平聲仍照舊法不加點'。至符號形體則以橫直撇捺點挑等錯綜變化而成。

（五）楊麴注音字母集成 民國二年六月刻本,讀音統一會油印本。

麴字潔臣,浙江諸暨人。民國元年著有新製反切字十冊（見本書附錄致蔡元培先生書）二年被聘為讀音統一會會員。當讀音統一會開會時,楊氏反對用羅馬字及北平音甚力。曾提案數次,說明其主張。所擬初稿凡分九音十七攝，十二獨用字，共需字母（卽聲母）符號四十四，音韻（卽韻母）符號三十四。及閉會以後，復輯爲此書。其自序云：'麴撰反切字序云：欲統一字音必先統一字母之音。則字母與字音事雖一貫，而先後之層級未可躐等而施。今字母未定，而遽議及讀音，紛紛聚訟，莫衷一是。卒之，北方之音，雖近似如愛與愛唔，雙聲如愛唔，恩唔之類，亦兼收而並蓄；南方之音，雖簡單如入聲，響亮如濁音，亦淘汰而棄去。由其不先統一字母，遂不克完全字音。誠知其如此，則何必各省會議，在直以京音頒布之可也，直以京音名之亦無不可也。乃核其實爲京音，美其名曰國音，麴甚願以京音爲國音，恐仍如從前之操官話，但爲少數才俊耳'？是其反對北音之態度，並不因會事已定而少已。惟符號形體，已與初稿不同，且字母增爲四十六而音韻仍爲三十四，並謂：'字母音韻之音關係非輕，斷不可改易，寧就音配字，勿就字讀音，務須字母四十六正音四十六副音一律叶讀藥韻而能無重複，則母音同矣；音韻三十四音一律讀小喉韻，則韻音同矣'。其孜孜求是之精神，實有足多。然篇中比較古音以日與曉喻爲類，以知徹與ㄗㄘ同母，他如有齊無撮及以晏爲ㄢ，以煙爲ㄧㄟ之類，則非能洞澈古今南北之音變所由，而不拘牽於方言者也。

（六）鄭藻裳式簡字 民國二年在讀音統一會提案，油印本。藻裳廣東人，民國二年任讀音統一會會員。所擬母音分張口（開口）弛口（齊齒撮口）斂口（合口）三類，又於單純韻及結合韻外別'陽助延音'（附聲韻）及'陰制促音'（入聲）兩種。父音分喉，牙，頂舌，撩舌，牙齒，舌齒，齒脣，喉脣，脣等九類。至於符號形體，母音以十爲正體，◎爲副體；父音以✛爲正體，以✿爲副體：展轉配合，以代表各音，在各系中亦能自成一格，惟音素則以粵音爲主。

（七）陳遂意式簡字 民國二年讀音統一會提案，油印本。遂意字大仁，湖南平江人。民國二年任讀音統一會會員。所擬音素凡四十母，二十一韻。符號形體，則以鈎矩點直等拼合而成。

（八）張海畵式簡字 民國二年讀音統一會提案，油印本。

海畫，浙江鎮海人。所擬音素凡三十一母，十九韻。符號形體，由㇐㇑㇒㇏等聯綴而成。其提案由吳敬恆在讀音統一會中代表宣述。

（九）李業鴻式簡字

李業鴻河北人。劉繼善新華字附錄中，載其符號舉例。此外，尚有新寧黃連照之世界全音字母及安南華僑黃調之調音字等，以其均在注音字母公布以後，故不具錄。

上述七系均可綜爲三期：（一）因甲午戰爭之刺激而興起者，可以盧戇章蔡錫勇爲代表；（二）因庚子事變之刺激而興起者，可以王照勞乃宣爲代表；（三）集前兩期之大成以促進注音符號之產生者，可以讀音統一會爲代表。後此各家皆其餘波也。蓋自清光緒二十一年遞進至民國二年開讀音統一會，簡字運動可謂盛極一時。吳稚暉云：'讀音統一會開會的時節，徵集及調查來的音符，有西洋字母的，偏旁的，縮寫的，圖畫的，各種花樣都有。而且都具匠心。或依據經典，依據韻學，依據萬國發音學，依據科學，無非個個想做倉頡，人人自算佉盧．終着意在音字。幾乎也無從軒輊，無從偏採那一種'。
❶故爭持許久，迄不能決。終於依據馬裕藻朱希祖錢稻
孫周樹人許壽裳等之提議，於三月十二日以四十五人之
出席，得二十九人之贊成，通過製定注音字之基本原則
如下：

母韻符號，取有聲有韻有意義之偏旁（卽最簡單之獨
體漢字）。作母用取其雙聲，作韻用取其疊韻（用古
雙聲疊韻假借法不必讀如本字）。

卽於十三日準此原則公定注音字母三十八字。其初稿
除以丨爲ㄅ，丨爲ㄍ，彡爲ㄙ，以厂爲ㄟ，以厶爲ㄑ
及未立ㄤ母外，並與公布之稿相同。實卽將會中審定
字音時暫用之記音字母正式通過，溯其淵源，則本章
炳麟所創紐文韻文之例而變更其讀法者也。故上述七
系，除篆文系外，雖與注音字母無直接關係，然其推
衍遭變實皆遞爲影響。茲就上述七系中，各擇一二家
爲例，列爲聲母韻母兩表，以資參證：

---

❶吳稚暉三十五年來之音符運動。

總　結

夫一切文化之演進，其機旣動，常有不可遏止之勢。漢字標音方法進至'反切'已可救濟'直音''讀若'之窮。及其弊也，亦或有難有拗，非盡人可解。故呂坤楊選杞李光地等各擬改良舊切之術。徒以'漢文之有音無字者多，欲得正音，必婉轉以求其相近❶，終不免存其彷彿不愜於心。然則反切之必進爲拼音，實非勢所得已。三百年來音標運動所以屢挫屢進而終底於成，卽此不可遏之潛勢有以推動之也。故國音字母之二式實爲自然演進之結果，而非人爲之強求。今旣經政府公布，專家承認，則國人惟宜羣策羣力，期其漸達於約定俗成之境。儻仍閉戶杜撰，'個個想做倉頡'，'人人自算佉盧'，則恐昧於前此嬗變之史實而徒費心力矣。因彙輯所見，述於茲篇，聊存國音字母演進之文獻：治國音沿革者其覽觀焉。

---

❶李光地音韻闡微凡例。